EIRL

Entrepreneur Individuel à Responsabilité Limitée

Pascal Dénos

EYROLLES

Éditions d'Organisation

Éditions d'Organisation
Groupe Eyrolles

61, bd Saint-Germain
75240 Paris cedex 05

www.editions-organisation.com
www.editions-eyrolles.com

info@eyrolles.com

Sommaire

Introduction

Les pouvoirs publics n'ont eu de cesse, depuis bientôt trois décennies, de répondre à l'attente des entrepreneurs quant à la protection de leur patrimoine privé en cas de difficulté professionnelle. L'EURL, créée en 1985, n'a pas rencontré le succès escompté, malgré une réelle avancée vers une protection accrue du patrimoine privé du dirigeant.

Plus récemment, la faculté de déclarer insaisissable la résidence principale de l'exploitant s'est ajoutée aux outils offerts aux entrepreneurs individuels pour éloigner les créanciers. Cette faculté a d'ailleurs, encore plus récemment, été soulignée en l'élargissant à tous les biens immeubles bâtis ou non qui ne sont pas destinés à l'exploitation de l'activité.

Dans un contexte économique qui attend encore la sortie de crise des années 2008 et 2009, l'effort des pouvoirs publics change de dimension depuis la loi du 15 juin 2010 créant le statut d'« entrepreneur individuel à responsabilité limitée » ou EIRL. Son entrée en vigueur en 2011 doit révolutionner la protection du patrimoine de plus d'un million et demi d'entrepreneurs individuels et de tous les candidats à la création d'entreprise.

En posant le principe d'un patrimoine exclusivement réservé à l'activité professionnelle dit « patrimoine d'affectation», la loi pose une distinction nette entre, d'un côté, le patrimoine professionnel et les créanciers professionnels, et de l'autre, le patrimoine privé.

Rappelons que, jusqu'à présent, le principal écueil du statut d'entrepreneur individuel se résumait à rendre ce dernier responsable indéfiniment sur l'ensemble de son patrimoine des dettes qu'il contracte et tout particulièrement celles pour lesquelles il s'est engagé à titre professionnel.

L'EIRL permet à un entrepreneur individuel de séparer son patrimoine personnel et son patrimoine professionnel sans créer de société, contrairement à l'EURL.

Les exploitants individuels qui adoptent le régime de l'EIRL mettent leur patrimoine personnel à l'abri de leurs créanciers professionnels grâce au mécanisme juridique du patrimoine d'affectation : l'entrepreneur peut séparer son patrimoine personnel et le patrimoine affecté à son activité professionnelle. Seul le patrimoine affecté à son activité professionnelle est susceptible de servir de gage aux créanciers professionnels, sans création d'une personne morale. L'entrepreneur reste propriétaire des biens affectés à son activité professionnelle, sur lesquels il est responsable vis-à-vis de ses créanciers professionnels.

Désormais, un entrepreneur individuel dispose de trois outils pour protéger son patrimoine personnel :

> l'EIRL, avec son patrimoine d'affectation susceptible de servir de gage aux créanciers professionnels ;

> la société unipersonnelle (EURL, SASU ou EARL), personne morale autonome dotée d'un patrimoine propre, seul gage des créanciers sociaux ;

> la déclaration d'insaisissabilité, qui permet à l'entrepreneur individuel de protéger sa résidence principale et ses biens immobiliers non affectés à un usage professionnel.

L'EIRL permet la création de nouvelles entreprises tout en s'exonérant de la rupture que représente la création d'une personnalité morale nouvelle.

Il appartient alors à chaque entrepreneur individuel, qu'il soit commerçant, artisan, profession libérale ou exploitant agricole, de s'intéresser à ce statut, dont l'ambition est de donner à chacune et chacun, sans changer de forme d'exploitation, un cadre légal protecteur.

Chapitre 1

Pourquoi choisir (ou non) le statut d'EIRL ?

L'EIRL en bref

Pour développer une activité professionnelle, le chef d'entreprise peut créer une société en s'associant (SARL, SAS, etc.) ou non (EURL, SASU) ou encore créer une entreprise individuelle. En principe, avec l'entreprise individuelle, la responsabilité du chef d'entreprise est illimitée, car il y a confusion entre le patrimoine professionnel et le patrimoine privé. Cependant, l'EIRL permet de limiter la responsabilité de l'entrepreneur individuel et ainsi contrarier les effets de difficultés économiques inhérentes à l'activité professionnelle sur le reste de son patrimoine. Cette protection a des conséquences avec principalement : responsabilité limitée, option pour l'impôt sur les sociétés (IS) et liberté d'affectation encadrée.

L'EIRL permet d'exercer une activité commerciale, artisanale, agricole ou libérale. Une auto-entreprise peut adopter le statut de l'EIRL. Une entreprise individuelle existante peut opter pour le statut de l'EIRL.

Une responsabilité limitée

L'EIRL est une entreprise individuelle dont la responsabilité du chef d'entreprise est limitée aux biens affectés à l'activité professionnelle. Le chef d'entreprise est donc responsable des dettes de l'entreprise uniquement sur les biens affectés à l'entreprise, sauf fraude ou manquements graves à ses obligations. Si l'entrepreneur individuel ne peut pas rembourser ses dettes professionnelles, ses biens propres non affectés (maison, etc.) ne pourront pas être vendus pour permettre de rembourser les dettes de l'entreprise. La situation de l'entrepreneur individuel est semblable à celle du gérant associé d'une EURL dont la responsabilité en tant qu'associé est limitée au montant du capital apporté. Le patrimoine est unique sur le plan juridique, mais séparé en deux sur le plan économique : un patrimoine professionnel, dit patrimoine « affecté » (ou aussi « patrimoine d'affectation »), et un patrimoine privé. Le patrimoine affecté doit être déclaré au registre concerné.

en pratique

Où se déclarer selon son activité ?

Le lieu de dépôt de la déclaration d'affectation dépend de l'activité exercée par l'entrepreneur individuel, qu'il soit déjà immatriculé ou non (situation des futurs entrepreneurs individuels). Dans tous les cas, ce lieu est également fonction du domicile de l'entreprise.

Pour les commerçants, il s'agit du registre du commerce et des sociétés (RCS).

Pour les artisans, il s'agit du répertoire des métiers (RM).

Pour les professions libérales, les exploitants agricoles ainsi que les auto-entrepreneurs, il s'agit du greffe du tribunal de commerce (ou à défaut du tribunal de grande instance ; renseignez-vous auprès de celui dont dépend le siège de l'entreprise). Vous pourrez y trouver un exemplaire de déclaration d'affectation (pour un modèle, voir l'annexe p. 155).

Le statut d'EIRL auquel la déclaration d'affectation ouvre droit peut utilement être complété par une déclaration d'insaisissabilité. Le chef d'entreprise peut déclarer insaisissables certains biens fonciers et affecter d'autres biens à l'activité professionnelle. Cette déclaration d'insaisissabilité répond à d'autres formalités qui se réalisent auprès d'un notaire. Pour plus de détails : voir le chapitre 6.

Une option fiscale opportune

L'EIRL est imposée, sauf option pour l'IS, à l'impôt sur le revenu (IR). Le bénéfice dégagé par l'EIRL est ajouté aux autres revenus du chef d'entreprise au titre du revenu catégoriel dont dépend l'activité exercée : bénéfices industriels et commerciaux (BIC) pour les commerçants et les artisans ; bénéfices non commerciaux (BNC) pour les professions libérales et bénéfices agricoles (BA) pour les exploitants agricoles. Le revenu net global est imposé à l'IR.

L'EIRL imposée à l'IR peut opter pour le prélèvement libératoire de l'IR. C'est le régime de l'auto-entreprise appliqué à une EIRL (AERL ou Auto-entreprise à responsabilité limitée).

Mais la principale révolution fiscale qui accompagne le statut d'EIRL est sans doute d'offrir la possibilité à l'EIRL d'opter pour l'IS alors même qu'aucune société n'est créée. Le bénéfice est alors imposé à l'IS au niveau de l'EIRL.

L'entrepreneur peut, si son résultat le permet, décider de se distribuer un dividende, alors imposé

EIRL imposé à l'IR ou l'IS : quelles différences ?

L'IR est calculé sur la somme des revenus perçus pendant l'année. Pour l'EIRL à l'IR, seul le BIC, BNC ou BA selon son activité professionnelle sera imposé à l'IR en l'absence d'autres revenus (revenus fonciers, plus-value, etc.). Pour l'EIRL à l'IS, le résultat sera imposé à l'IS. Puis la rémunération (catégorie des traitements et salaires) et les dividendes (RCM) seront imposés à l'IR. Pour en savoir plus, voir le chapitre 5.

à l'IR dans la catégorie des revenus de capitaux mobiliers (RCM) après un abattement de 40 %.

La rémunération versée à l'entrepreneur est imposée à l'IR dans la catégorie des traitements et salaires au niveau de l'entrepreneur individuel.

Cotisations sociales

L'entrepreneur individuel à responsabilité limitée relève du régime social des travailleurs non salariés (TNS). L'assiette des cotisations varie selon que l'EIRL est soumis à l'IR ou l'IS.

Si l'EIRL est à l'IR, tout le bénéfice de l'EIRL est soumis à cotisations sociales.

Si l'EIRL est à l'IS, les cotisations sociales sont assises sur sa rémunération, ainsi que sur une fraction de ses dividendes.

L'EIRL peut aussi opter, si les conditions sont remplies, pour le versement forfaitaire libératoire des cotisations sociales, dit « micro-social simplifié » de l'auto-entreprise. L'EIRL est alors auto-entrepreneur à responsabilité limitée (AERL).

Pour en savoir plus, voir le chapitre 5.

Une liberté d'affectation encadrée

L'entrepreneur individuel profite d'une grande liberté d'affectation comptable (on parle parfois de « liberté de gestion », notion plus large). La trésorerie de l'entreprise est également sa trésorerie. La faculté d'inscrire tel ou tel bien détenu par l'entrepreneur individuel à l'actif du bilan de l'entreprise est quasi illimitée jusqu'au point, sans pour autant le conseiller, de concerner la résidence principale de l'entrepreneur.

La formation du patrimoine affecté

Contrairement à un entrepreneur individuel « classique », l'entrepreneur individuel à responsabilité limitée a l'obligation d'affecter les *biens indispensables* à son activité (un fonds de commerce existant, un local d'activité, un véhicule utilitaire, des matériels, etc.). Une liberté perdure quant à la décision d'affecter les *biens utiles* mais non indispensables, tel qu'un véhicule personnel.

Cette liberté est encadrée pour l'entrepreneur individuel à responsabilité limitée. Seuls les biens nécessaires ou utiles à l'exploitation sont concernés par la formation du patrimoine d'affectation et donc leur inscription à l'actif de l'entreprise individuelle de l'EIRL.

De plus, l'EIRL doit disposer d'un compte bancaire dédié pour toutes les opérations relevant de son activité professionnelle.

Entreprise individuelle ou société ?

Pour exercer son activité professionnelle, l'entrepreneur peut créer une entreprise individuelle ou décider d'exploiter son activité dans le cadre d'une société.

Création d'une entreprise individuelle

L'entreprise individuelle est l'expression même de l'entrepreneuriat. Un individu, porteur d'un projet ou repreneur, s'inscrit dans une démarche individuelle et porte sur son nom et son travail une activité professionnelle.

L'entreprise individuelle est marquée par une grande souplesse et une simplicité autant dans sa création que dans sa gestion au quotidien.

L'entreprise individuelle est la forme d'exploitation qu'ont choisie près d'un million et demi d'entreprises[1], soit un peu moins que le nombre de sociétés. Un véritable plébiscite !

Cependant, la responsabilité du chef d'entreprise est illimitée, car il y a confusion entre le patrimoine professionnel et le patrimoine privé. En conséquence, l'entrepreneur individuel répond de ses dettes sur l'ensemble de son patrimoine. Cette situation fait alors supporter à l'entrepreneur le risque de tout perdre en cas de difficultés économiques et ce, quelle qu'en soit la cause.

Le statut d'EIRL permet désormais de limiter la responsabilité de l'entrepreneur individuel au patrimoine affecté à l'exploitation de son activité professionnelle.

Enfin, les moyens de l'entreprise individuelle de l'EIRL sont limités à ceux que ce dernier met à la disposition de l'entreprise. À défaut de pouvoir s'associer, les ressources extérieures à l'entreprise devront être recherchées auprès des établissements bancaires qui exigeront, parfois sinon souvent, la caution du chef d'entreprise ou une garantie sur un bien immobilier.

C'est pourquoi, avec son lot d'avantages mais également d'inconvénients, le choix d'une exploitation sous forme sociétaire encourage à comparer selon la situation et les objectifs de l'entrepreneur.

---

1 Source : Insee (2008).

Création d'une société

Si l'entrepreneur crée une société, il doit choisir entre deux grands types de sociétés commerciales : les sociétés de personnes et les sociétés de capitaux.

Les sociétés de personnes, comme la société en nom collectif (SNC), présentent peu de différences par rapport à l'entreprise individuelle. La responsabilité des associés est illimitée car ils ont le statut de commerçant : ils sont responsables solidairement et indéfiniment des dettes de l'entreprise. L'associé engage non seulement sa mise de fonds, mais également l'intégralité de son patrimoine. La cessation de paiements de la société entraîne le règlement judiciaire ou la liquidation des biens de chaque associé. L'«*intuitu personae*» est très fort, c'est-à-dire que la personnalité de chaque associé compte avant tout. L'apport de moyens et d'argent n'est pas prédominant.

Dans les sociétés de capitaux, comme la SARL, la SAS et la société anonyme (SA), les associés n'ont pas la qualité de commerçant et ne sont responsables qu'à hauteur de leur apport de fonds.

La création d'une société a l'avantage de créer une nouvelle personne (morale) qui se substitue à l'entrepreneur, lequel assure alors la fonction de dirigeant (gérant ou président selon la forme de la société). Elle assure une distinction entre, d'une part, le patrimoine du dirigeant dont les actions ou parts sociales qu'il détient dans la société et, d'autre part, la société elle-même avec son patrimoine mais également (et c'est en cela un avantage) ses propres dettes. La société est surtout l'outil indispensable de celles et ceux qui souhaitent additionner leurs apports et/ou leurs compétences pour mener ensemble un projet commun.

Or, tous les entrepreneurs n'ont pas la chance ou l'envie de s'associer, sauf à adopter une forme sociale dite «unipersonnelle» («une personne – un associé»).

L'entrepreneur peut alors créer une société dont il sera le seul associé : une entreprise unipersonnelle à responsabilité limitée (EURL), une société par actions simplifiée unipersonnelle (SASU), une société d'exercice libéral unipersonnelle (SELU) s'il exerce une profession libérale, ou une entreprise agricole à responsabilité limitée unipersonnelle (EARL) pour l'exercice d'une activité agricole.

Une société exige de satisfaire à un certain nombre d'obligations : déclarations fiscales et comptables mais aussi obligations légales (réunion d'assemblée générale, etc.). Ces contraintes n'ont pas, jusqu'à présent, découragé de nombreux créateurs du choix d'une forme sociétaire unipersonnelle. L'avantage recherché est le plus souvent fiscal, avec pour objectif de bénéficier d'une imposition de leurs résultats à l'IS. Cette faculté, qui reste interdite à l'entrepreneur individuel, est désormais également offerte à l'EIRL.

Principaux avantages et inconvénients de l'EIRL

Les avantages

Deux principaux avantages sont à retenir. Le statut d'EIRL a d'abord l'ambition de protéger le patrimoine privé de l'EIRL, grâce au principe du patrimoine d'affectation. Puis, il faut souligner la faculté, désormais offerte à l'entrepreneur, de faire option pour l'imposition de son résultat à l'IS.

La responsabilité de l'EIRL est limitée au montant du patrimoine affecté

Si le patrimoine affecté est de 10 000 euros, le risque maximum de l'entrepreneur est de perdre cette somme si l'EIRL ne peut pas payer ses dettes. Le dirigeant d'une entreprise individuelle, lui, est indéfiniment responsable des dettes professionnelles sur son patrimoine privé. Il en est de même pour les associés de sociétés de personnes qui ont la qualité de commerçant et sont responsables indéfiniment et solidairement des dettes sociales. Cependant, la responsabilité de l'entrepreneur de l'EIRL risque d'être engagée au-delà du patrimoine si les banques demandent à l'entrepreneur de se porter caution pour garantir les crédits nécessaires à l'activité de l'EIRL. La caution permet à la banque de poursuivre l'entrepreneur sur ses biens personnels pour obtenir le remboursement des prêts en situation de défaillance de l'EIRL. En cas de redressement judiciaire ou de liquidation des biens, le tribunal de commerce pourrait estimer qu'il y a eu faute de gestion et que les dettes de l'EIRL, au-delà du patrimoine affecté, seraient supportées par l'entrepreneur.

L'EIRL à l'IS permet un gain de cotisations sociales

Par rapport au régime des salariés dont relèvent les dirigeants de sociétés, le régime social des travailleurs indépendants est avantageux au niveau de la trésorerie, car les cotisations sont moins importantes que les charges sociales sur salaires. La trésorerie ainsi dégagée peut être consacrée au développement de l'entreprise, ou à des régimes complémentaires, des investissements personnels pour compléter les prestations sociales ou préparer un complément de retraite.

Si l'EIRL opte pour l'IS, la base de calcul des cotisations sociales est réduite, et permet ainsi une économie de charges sociales. En effet, tout le bénéfice de l'EIRL à l'IR est soumis à cotisations sociales. Tandis que si l'EIRL opte pour l'IS, les cotisations sociales sont assises uniquement sur la rémunération de l'entrepreneur et sur une fraction de ses dividendes pour éviter une trop grande évasion.

Si l'EIRL est fortement bénéficiaire, l'option pour l'IS permet ainsi un gain net de cotisations sociales grâce à une meilleure maîtrise de la rémunération de l'entrepreneur. La rémunération perçue par l'EIRL forme l'assiette sur laquelle sont calculées les cotisations sociales.

L'EIRL à l'IS permet un gain d'IR

Les résultats de l'EIRL qui opte pour l'IS sont soumis à l'IS au taux de 15 %. En revanche, les résultats d'une EIRL à l'IR sont imposés à l'IR dans la catégorie des BIC pour une activité industrielle, commerciale ou artisanale, BNC pour les professions libérales et BA pour les exploitants agricoles.

Le taux de l'IR est progressif et peut atteindre 41 % pour la partie des résultats qui dépasse certains montants (application du barème progressif). Si l'entreprise est fortement bénéficiaire, l'option pour l'IS permet de réaliser un gain fiscal immédiat : le bénéfice est imposé au taux de 15 % jusqu'à 38 120 euros, puis 33 1/3 % au-delà.

Cette économie d'impôt peut être consacrée à l'autofinancement de l'entreprise. Le résultat de l'EIRL taxé à l'IS au taux de 15 % pourra être distribué à l'entrepreneur sous forme de dividendes. Le dividende distribué sera alors soumis à l'IR dans la catégorie des RCM.

Les inconvénients

L'EIRL est limité dans le financement de son développement

Pour financer son développement, l'EIRL ne peut recourir qu'aux apports de l'entrepreneur et aux emprunts bancaires ou familiaux. Contrairement aux sociétés (SARL, SAS, etc.), l'EIRL ne peut recourir aux apports en capital extérieurs.

Alors que l'emprunt donne lieu, obligatoirement, à paiement d'intérêts et à remboursement du principal, l'apport en capital est rémunéré par un paiement de dividendes si la trésorerie de l'entreprise le permet. Le remboursement de l'apport en capital intervient uniquement quand l'associé se retire. De plus, un associé peut renforcer son soutien financier à la société sous forme de compte-courant rémunéré. Certaines sociétés (SARL, SAS, etc.) peuvent émettre des obligations afin de financer leur développement.

Le mode de financement par apport en capital connaît un développement constant, car il permet de drainer les fonds des sociétés de capital-risque de proximité, des fonds d'investissement créés par les collectivités locales, etc.

L'entrepreneur restera le principal pourvoyeur de fonds propres de l'entreprise. Des résultats bénéficiaires récurrents conjugués à une imposition à l'IS donneront à l'entreprise, sur la durée, les meilleures conditions pour s'autofinancer.

L'EIRL ne facilite pas la transmission de l'entreprise

Dans une EIRL, en cas de décès de l'entrepreneur, ses enfants, et éventuellement son conjoint, deviennent propriétaires indivis de l'entreprise. Or, l'indivision, surtout si elle n'est pas organisée, est la pire situation juridique pour assurer la pérennité de l'entreprise. En effet, l'entreprise devra être vendue si les héritiers qui veulent poursuivre l'activité n'ont pas les moyens de racheter la part des cohéritiers qui voudraient immédiatement recevoir leur part d'héritage (le Code civil donne à tout indivisaire le droit de demander le partage, c'est-à-dire l'attribution de chaque quote-part aux héritiers à tout moment, en s'adressant, le cas échéant, à la justice). De plus, l'indivision est régie par le principe de l'unanimité qui oblige les indivisaires à un consensus permanent sur la façon de conduire l'activité ; ce qui est incompatible avec une gestion rapide et souple de l'entreprise.

La société (SARL, SAS, etc.) permet d'éviter ces inconvénients. Avec une SARL, il est facile d'attribuer à chaque héritier le nombre exact de parts sociales lui revenant sans remettre en cause la pérennité de l'entreprise. Par ailleurs, pour gérer la SARL, il suffit que les héritiers qui poursuivent l'exploitation soient majoritaires afin de ne pas être gênés par l'opposition éventuelle des autres héritiers, car le principe de gestion de la SARL est la majorité.

Ainsi, comparée à l'entrepreneur individuel à responsabilité limitée, une structure sociétaire offre davantage de liberté quant aux aménagements possibles afin de préparer au mieux, et selon la situation familiale, la transmission de l'entreprise.

De plus, une société (SARL, SAS, etc.) permet d'économiser les droits d'enregistrement au moment de la cession de l'entreprise, donc de négocier un prix de vente plus important, dans la mesure où l'acheteur paie des droits d'enregistrement plus faibles.

En effet, dans la société, la cession de l'entreprise se fait par la vente des droits sociaux (parts sociales ou actions) dont le montant est imposé au taux de 3 %. Alors que la cession d'une entreprise individuelle est assujettie à un droit d'enregistrement qui est également de 3 %, mais qui s'applique à la valeur brute des biens vendus (c'est la valeur du fonds de commerce qui est retenue sans la minorer du montant des dettes de l'entreprise).

Un formalisme imposé

Le patrimoine affecté de l'EIRL fait l'objet d'une déclaration d'affectation à déposer au RCS, au greffe du tribunal de commerce ou au tribunal de grande instance selon la nature de l'activité de l'EIRL (voir encadré « Où se déclarer selon son activité ? », p. 31).

Qui peut adopter le statut d'EIRL ?

Le statut de l'EIRL peut-être adopté par tous les entrepreneurs individuels, y compris les auto-entrepreneurs, quelle que soit la nature de l'activité exercée (commerciale, artisanale, libérale ou agricole), lors de la création de l'entreprise ou en cours d'activité.

Exploitant individuel

Le statut de l'EIRL peut être adopté par les exploitants individuels quel que soit leur régime d'imposition : régime réel d'imposition, régime d'imposition simplifié, appelé « régime micro » ou « régime de l'auto-entrepreneur ».

Exploitant agricole

Un exploitant agricole peut créer une Entreprise individuelle agricole à responsabilité limitée (EIARL). Les exploitants agricoles sous statut d'EIARL peuvent conserver dans leur patrimoine privé les terres nécessaires ou utilisées pour l'exercice de leur activité professionnelle.

Porteur de projet

Le créateur d'entreprise peut choisir l'EIRL. L'entrepreneur individuel peut décider d'affecter une partie de son patrimoine à son activité professionnelle : la déclaration d'affectation transforme son entreprise individuelle en EIRL.

Quel que soit son projet, le choix de la forme d'exploitation méritera une comparaison attentive entre la situation du créateur et les objectifs que ce dernier recherche. Le statut d'EIRL s'ajoute aux différentes possibilités offertes : entrepreneur individuel, auto-entrepreneur ou société.

Mineur

Les mineurs émancipés peuvent créer et gérer une EIRL qui exerce une activité civile ou commerciale. Néanmoins, ils ne peuvent être commerçants que s'ils y sont autorisés par le juge des tutelles au moment de l'émancipation ou par le président du tribunal de grande instance après l'émancipation.

Les mineurs non émancipés peuvent créer et gérer une EIRL ayant une activité civile (agricole, artisanale ou libérale) s'ils sont autorisés par leurs deux parents (mineurs sous administration légale pure et simple), leur administrateur légal autorisé par le juge des tutelles (mineurs sous administration légale sous contrôle judiciaire) ou le conseil de famille (mineurs sous tutelle) à accomplir seuls les actes d'administration nécessaires pour les besoins de la création ou de la gestion de l'EIRL. Cette autorisation devra comporter la liste des actes d'administration pouvant être accomplis par le mineur. Les mineurs ne pourront pas effectuer seuls des actes de disposition; ces actes devront être effectués, selon le cas, par leurs parents, par leur administrateur légal autorisé par le juge des tutelles ou par le tuteur y ayant été autorisé par le conseil de famille.

En revanche, les mineurs non émancipés ne peuvent pas créer ou gérer d'EIRL de nature commerciale. En effet, seul le mineur émancipé peut être commerçant s'il est autorisé.

Entrepreneur en faillite

Un entrepreneur en faillite qui a déposé le bilan ne peut pas créer d'EIRL. Cependant, si la déclaration d'affectation du patrimoine est antérieure au dépôt du bilan, l'entrepreneur pourra bénéficier du statut d'EIRL.

Auto-entrepreneur et EIRL : l'auto-entrepreneur à responsabilité limitée

Le statut d'auto-entrepreneur est le succès entrepreneurial de l'année 2010, avec le cap dépassé de cinq cent mille auto-entrepreneurs déclarés. Nombre d'entre eux trouveront à s'interroger quant à la forme la plus appropriée pour développer leur activité, tout en conservant un maximum de protection et de simplicité de gestion au quotidien. Pour les y aider, le statut d'EIRL peut se cumuler avec celui d'auto-entrepreneur. On parle alors d'auto-entrepreneur à responsabilité limitée ou « AERL ». Les règles fiscales et sociales restent quant à elles inchangées. Seul le dépôt d'une déclaration d'affectation et le respect des obligations qui l'accompagnent sont nécessaires.

Le statut d'EIRL est une nouvelle forme d'exploitation offerte à tous les entrepreneurs individuels et aux porteurs de projets qui souhaitent se lancer en solo et ce, quelle que soit la nature de leur activité. Son objectif est de protéger le patrimoine personnel de l'entrepreneur tout en assurant la simplicité de gestion dont bénéficient aujourd'hui les exploitants individuels.

Un statut protecteur

Grâce au mécanisme du patrimoine d'affectation, l'entrepreneur individuel à responsabilité limitée dispose de deux patrimoines distincts : d'un côté le patrimoine dédié à l'activité professionnelle dit «patrimoine d'affectation», de l'autre le patrimoine personnel épargné par les créanciers professionnels.

Un régime fiscal ouvert

L'autre innovation apportée par le statut d'EIRL réside dans la faculté pour l'entrepreneur d'opter pour une imposition de son résultat à l'IS. Auparavant réservée aux sociétés, l'option pour l'IS permet à l'entrepreneur de bénéficier d'un taux d'imposition réduit à 15 % jusqu'à 38 120 euros. L'imposition du résultat au titre de l'IR continue d'être la référence de l'imposition de l'exploitant individuel.

Des formalités à respecter

Pour profiter des avantages du statut d'EIRL, l'entrepreneur doit remplir un certain nombre de formalités, à commencer par le dépôt d'une déclaration d'affectation. C'est l'acte de naissance du patrimoine d'affectation. Cette formalité s'effectue au RCS, au greffe du tribunal de commerce ou au tribunal de grande instance selon l'activité.

La concurrence des formes d'exploitation en société

L'EIRL, malgré de réelles différences avec l'entrepreneur individuel «classique», manque encore de bénéficier de certains avantages des formes sociétaires. L'option pour l'IS atténue profondément le fossé entre l'exploitation individuelle et l'exploitation en société. Néanmoins, l'EIRL restera seul autant pour gérer son activité que pour faire face, le cas échéant, aux difficultés. La société reste la forme privilégiée pour développer une activité à plusieurs. L'EIRL révolutionne les fondements sur lesquels reposait jusqu'à présent l'appréciation de l'exploitation individuelle par rapport aux autres formes (EURL ou SARL, SASU ou SAS et SA).

Chapitre 2

Le patrimoine d'affectation

Afin d'assurer un minimum de garantie aux créanciers professionnels, l'EIRL doit déposer une déclaration d'affectation. Cette déclaration recense l'ensemble des éléments qui vont former le patrimoine d'affectation dédié à l'activité professionnelle.

Quel patrimoine pour l'EIRL ?

L'EIRL sépare son patrimoine en deux parties :

❯ un patrimoine personnel, gage des créanciers personnels (la maison sert à garantir le remboursement du prêt qui finance l'acquisition de la maison, etc.) ;

❯ un patrimoine professionnel, gage des créanciers professionnels (le local commercial, les machines, etc., servent à garantir les créanciers de l'entreprise).

Le patrimoine est unique sur le plan juridique, mais séparé en deux sur le plan économique : un patrimoine professionnel affecté pour l'exploitation de l'activité de l'entrepreneur et un patrimoine privé.

Ainsi, l'affectation du patrimoine s'effectue au moyen d'une simple déclaration auprès du registre professionnel compétent (voir encadré « Où se déclarer selon son activité ? », chapitre 1, p. 10). L'EIRL doit affecter à son patrimoine professionnel tous les biens dont l'entrepreneur individuel est propriétaire et nécessaires à l'exercice de son activité professionnelle. Un même bien ne peut être affecté qu'à un seul patrimoine.

Le patrimoine professionnel affecté à l'entreprise individuelle permet de séparer le patrimoine de l'entrepreneur, sans création d'une personne morale nouvelle. L'entrepreneur reste propriétaire des biens qui sont affectés à son activité professionnelle. Ces biens constituent la garantie des créanciers professionnels. La responsabilité de l'entrepreneur est limitée à l'actif affecté.

En résumé, cette distinction entre patrimoine personnel et patrimoine affecté s'impose avant tout aux créanciers de l'EIRL : banque, fournisseurs, organismes sociaux et administration fiscale.

Composition du patrimoine affecté

Le patrimoine affecté se compose de biens et de dettes nécessaires ou utiles pour les besoins de l'activité professionnelle. Les biens et dettes non utilisés pour l'exercice de la profession ne peuvent pas faire partie de l'actif professionnel. Un même entrepreneur pourra constituer plusieurs patrimoines affectés à compter du 1er janvier 2013.

Le contenu du patrimoine affecté

Il comprend :

» tous les éléments nécessaires à l'activité professionnelle : les matériels, les mobiliers, le droit au bail, la clientèle, les gages et nantissements éventuels dont bénéficie l'entrepreneur ;

» les éléments utilisés pour les besoins de l'activité professionnelle que l'entrepreneur choisit d'affecter : les biens à usage mixte tels qu'une voiture ou un immeuble.

Les biens

Le patrimoine affecté se compose obligatoirement de l'ensemble des biens dont l'entrepreneur est titulaire et qui sont nécessaires à l'exercice de l'activité professionnelle.

L'entrepreneur peut également y inclure les biens utilisés pour les besoins de l'activité professionnelle mais qui ne sont pour autant pas indispensables. Il s'agit tout particulièrement des biens à usage mixte : à la fois professionnel et personnel. Un même bien ne peut entrer dans la composition que d'un seul patrimoine d'affectation.

L'entrepreneur exerçant une activité agricole au sens de l'article L. 311-1 du Code rural peut cependant conserver les terres, nécessaires ou utilisées pour les besoins de son

en pratique

EIRL et pluriactivité

Le statut d'EIRL ne permet pas encore de pouvoir créer autant de patrimoines affectés que l'entrepreneur exerce d'activités différentes. Néanmoins, la faculté de pouvoir créer plusieurs patrimoines d'affectation est prévue. Elle sera effective à compter du 1er janvier 2013.

exploitation, dans son patrimoine personnel. Le matériel agricole doit, quant à lui, obligatoirement être inscrit sur la déclaration d'affectation.

Ainsi, les biens nécessaires à l'exercice de l'activité professionnelle de l'entrepreneur individuel à responsabilité limitée correspondent aux biens affectés par nature à l'activité, et qui lui sont consacrés en totalité : le fonds de commerce, le droit de présentation de la clientèle, les matériels, outillages, installations et biens d'équipement servant spécifiquement à l'exercice de l'activité, etc. Ces biens font obligatoirement partie de l'actif professionnel.

Aux côtés des biens nécessaires et qui font l'objet d'une affectation obligatoire, les biens utilisés pour l'exercice de l'activité professionnelle sont des biens à usage mixte, qui, sans être affectés par nature à l'exercice de la profession, sont utilisés dans le cadre de celle-ci : c'est notamment le cas du local professionnel situé dans la résidence principale de l'exploitant ou le véhicule employé à la fois à titre personnel et professionnel. Les biens utilisés pour l'exercice de la profession sans y être affectés par nature peuvent, au choix du contribuable, être inclus dans le patrimoine affecté, ou être maintenus dans le patrimoine privé.

Les biens non utilisés pour l'exercice de la profession ne peuvent en aucun cas faire partie de l'actif professionnel.

L'entrepreneur peut affecter des biens communs ou indivis. Dans ce cas, il doit obtenir, à peine d'inopposabilité de l'affectation, l'accord exprès de son conjoint ou de ses coïndivisaires et les informer sur les droits des créanciers professionnels sur le patrimoine affecté. Un même bien commun ou indivis ne pourra entrer dans la composition que d'un seul patrimoine affecté.

Les biens indivis ou communs affectés au patrimoine professionnel

L'entrepreneur ne jouit pas de la pleine propriété des biens indivis ou communs. Il doit informer préalablement le coïndivisaire (pour les biens détenus en indivision) ou le conjoint (pour les biens communs) des risques inhérents à leur affectation. Le futur EIRL doit préalablement obtenir leur accord exprès. Le non-respect de ces règles entraîne l'inopposabilité de la déclaration d'affectation aux créanciers. Ainsi, le futur EIRL doit s'interroger quant à la situation des biens qu'il souhaite apporter à la formation du patrimoine d'affectation. Trois situations sont à envisager : soit le bien a été acquis pendant le mariage, auquel cas il faut s'intéresser au régime matrimonial de l'entrepreneur ; soit le bien a été acquis avec un concubin(e) ou un partenaire de PACS, auquel cas c'est le régime de l'indivision ; soit enfin, ce sera la situation d'un bien détenu, par exemple, entre héritiers. Deux modèles (l'un pour les biens détenus en commun, l'autre pour les biens indivis) sont présentés en annexe (voir p. 153-154).

Les dettes

Les mêmes critères d'affectation doivent être retenus pour les dettes. Ainsi, lorsque la dette est attachée à un bien nécessaire à l'exercice de l'activité professionnelle, elle doit être inscrite au patrimoine d'affectation, alors que si elle correspond à un bien utilisé (et donc non nécessaire) pour la profession, l'entrepreneur est libre de l'affecter ou non à son patrimoine professionnel.

Pour les entrepreneurs en activité et qui choisiront de se placer sous le statut de l'EIRL, le dépôt de la déclaration d'affectation sera l'occasion d'informer leurs créanciers professionnels quant à la création du patrimoine affecté. Cette information est indispensable pour porter à leur connaissance les effets de la déclaration d'affectation.

Évaluation des biens composant le patrimoine affect

L'évaluation des biens composant le patrimoine affecté est effectuée par l'entrepreneur. Cependant, préalablement à la déclaration d'affectation, il doit consulter un professionnel dans les cas suivants.

D'une part, lorsqu'un immeuble est désigné comme élément du patrimoine affecté, l'évaluation doit être réalisée par un notaire choisi par l'entrepreneur et cela quelle que soit la valeur de l'immeuble. Le notaire effectue les formalités de publication au bureau des hypothèques.

L'affectation d'un bien immobilier doit être faite par acte notarié et publiée au bureau des hypothèques ; l'établissement de cet acte et les formalités de publicité donnent lieu au versement d'émoluments fixes par décret.

D'autre part, lorsqu'il ne s'agit pas d'un immeuble (machine, etc.), chaque élément affecté dont la valeur est supérieure à 30 000 euros devra faire l'objet d'une évaluation, au choix de l'entrepreneur, par un commissaire aux comptes, un expert-comptable ou une association de gestion et de comptabilité (AGC).

À défaut d'évaluation par un expert toutes les fois où la loi l'impose (biens immobiliers et biens d'une valeur unitaire supérieure à 30 000 euros), l'entrepreneur est responsable pendant cinq ans à l'égard des tiers sur la totalité de son patrimoine, affecté et non affecté, à hauteur de la différence entre la valeur réelle du bien au moment de l'affectation et la valeur déclarée.

Déclaration du patrimoine affecté

La déclaration d'affectation précise la nature de l'activité à laquelle le patrimoine est affecté. Pour chaque élément le constituant, sa nature, sa qualité et sa valeur sont obligatoirement mentionnées. Un même bien ne peut en aucun cas faire partie de plusieurs patrimoines affectés.

L'acte constitutif de l'EIRL consiste à simplement déposer une déclaration d'affectation :

> au RCS pour les commerçants ;

> au RM pour les artisans ;

> au greffe du tribunal de commerce (ou du tribunal de grande instance statuant en matière commerciale) du lieu de leur établissement principal pour les professionnels libéraux et les auto-entrepreneurs dispensés d'immatriculation, ainsi que pour les exploitants agricoles.

La déclaration d'affectation doit préciser l'objet de l'activité professionnelle concernée et comporter :

> un état descriptif des biens, droits, obligations ou sûretés affectés à l'entreprise, en nature, qualité, quantité et valeur ;

> l'acte notarié en cas d'affectation d'un bien immobilier ;

> le rapport d'évaluation en cas d'affectation de biens d'une valeur unitaire supérieure à 30 000 euros ;

> le document justifiant que l'entrepreneur a obtenu l'accord de son conjoint ou de ses coïndivisaires et les a informés lorsque des biens affectés sont des biens communs ou indivis.

La déclaration d'affectation et les états descriptifs de division établis en vue de la création du patrimoine d'affectation sont soumis au droit fixe d'enregistrement de 25 euros. Aucune perception n'est due en cas de publication de l'affectation d'un bien immobilier au bureau des hypothèques.

L'état descriptif des biens affectés au patrimoine professionnel est destiné à informer et à protéger les créanciers professionnels, puisque ces biens constituent leur seul gage. La valeur attribuée aux biens affectés doit donc correspondre à leur valeur réelle.

La déclaration d'affectation est gratuite si elle est concomitante à la constitution de l'entreprise. Néanmoins, l'entrepreneur individuel « classique » déjà installé doit acquitter, le cas échéant, les honoraires du notaire ainsi que ceux de l'expert-comptable ou commissaire aux comptes pour l'évaluation des biens affectés.

Changement apporté au patrimoine affecté

À tout moment, l'entrepreneur peut faire entrer d'autres biens dans le patrimoine d'affectation. Les règles à suivre pour l'évaluation et la déclaration de ces nouveaux biens sont identiques à celles applicables lors de sa constitution.

À défaut de respect de ces règles, les éléments concernés ne peuvent être considérés comme faisant partie du patrimoine affecté de l'entrepreneur et ne servent donc de gage qu'à ses créanciers personnels.

En cas de cession d'un élément apporté, le prix de vente perçu par l'entrepreneur reste dans le périmètre du patrimoine d'affectation.

De manière générale, il est inévitable que le patrimoine d'affectation connaisse des évolutions. Certains éléments deviendront obsolètes ou seront vendus. De nouveaux viendront s'y substituer ou s'ajouter à ceux déjà présents dans le patrimoine d'affectation. Or, n'importe quel créancier professionnel doit pourvoir apprécier la consistance du patrimoine d'affectation qui lui sert de gage. C'est pourquoi deux moyens permettent à l'EIRL d'actualiser la formation comme la valorisation de son patrimoine d'affectation.

Le premier concerne les biens immobiliers, les biens dont la valeur unitaire est supérieure à 30 000 euros, mais également les biens affectés détenus en commun avec le conjoint ou en indivision. Un simple complément à la déclaration d'affectation suffit.

Le second concerne tous les autres biens. Pour ceux-là, le dépôt des comptes annuels sera l'occasion de souligner les évolutions dans la formation du patrimoine d'affectation à la date de clôture de l'exercice.

Opposabilité de la déclaration d'affectation aux créanciers

Une fois déposée et publiée, la déclaration d'affectation produit ses effets. Elle est opposable de plein droit aux créanciers professionnels dont les droits sont nés postérieurement à son dépôt (c'est-à-dire les dettes professionnelles contractées après le dépôt de la déclaration). Dès lors, ceux-ci ne peuvent se saisir que des éléments du patrimoine affecté pour obtenir paiement de leurs créances.

L'affectation des biens à l'activité professionnelle est également opposable aux créanciers dont les droits sont nés avant le dépôt de la déclaration d'affectation, à la double condition que l'entrepreneur le mentionne dans la déclaration d'affectation et en informe les créanciers.

Ces créanciers disposent d'un délai pour former opposition en justice. Cette action consiste, pour un créancier dont la dette est née avant le dépôt de la déclaration, à s'opposer aux effets de la naissance du patrimoine d'affectation qui réduit le patrimoine sur lequel il pourra agir en cas de difficultés de l'EIRL. Néanmoins, cette opposition n'interdit pas la constitution du patrimoine affecté. Lorsque l'opposition est jugée recevable, le tribunal peut ordonner le remboursement des créances du seul créancier qui exprime son opposition. Le juge pourra également prononcer la constitution de garanties dès lors que l'entrepreneur est capable d'en offrir et qu'elles sont jugées suffisantes. À défaut de paiement des créances ou de constitution des garanties ordonnées, la déclaration d'affectation est inopposable aux créanciers ayant formé opposition.

En ce qui concerne les créanciers personnels, le dépôt de la déclaration du patrimoine d'affectation a, pour effet immédiat, à l'image des créanciers professionnels, de réduire leur droit de gage aux seuls éléments non affectés. Cependant, afin d'éviter des manœuvres destinées à organiser l'insolvabilité sur le plan personnel tandis que l'EIRL est florissante, le législateur a prévu d'intégrer le bénéfice du dernier exercice comptable au gage des créanciers personnels lorsque le patrimoine non affecté ne permet pas de les rembourser.

Ainsi, chaque créancier de l'EIRL, qu'il soit professionnel ou non, voit se réduire le patrimoine sur lequel il est susceptible d'agir en cas de défaut de paiement.

La protection du patrimoine privé de l'EIRL repose tout entier sur le principe du patrimoine d'affectation. Ce dernier nécessite, pour exister, de réaliser le dépôt d'une déclaration d'affectation, véritable acte de naissance de l'EIRL. Cet acte s'entoure de formalités et exige de la part de l'EIRL de satisfaire à un certain nombre de règles.

Affecter les éléments nécessaires

Les règles d'affectation présentées (voir également dans le chapitre 1 l'encadré « La formation du patrimoine affecté », p. 13) sont essentielles. Tous les éléments nécessaires à l'exploitation doivent impérativement être affectés. Et par opposition, il est formellement prohibé d'inscrire au patrimoine d'affectation un bien personnel, sauf s'il présente une utilité réelle pour la réalisation de l'activité. En cas de difficultés économiques et à défaut d'affectation en bonne et due forme de tous les éléments nécessaires au patrimoine affecté, l'entrepreneur prend le risque d'offrir à ses créanciers professionnels une bonne raison pour démontrer que la séparation entre patrimoine d'affectation et patrimoine personnel n'a pas lieu d'exister. C'est leur ouvrir la porte à l'ensemble du patrimoine de l'entrepreneur.

L'évolution du patrimoine d'affectation

Afin d'assurer tous ses effets, le patrimoine d'affectation doit présenter une image fidèle des éléments qui le forment. Les évolutions de l'entreprise ne doivent pas être synonymes d'un formalisme exagéré. C'est pourquoi il appartient d'abord à l'EIRL de compléter autant que nécessaire la déclaration d'affectation des biens immobiliers, des biens supérieurs à 30 000 euros, ainsi que ceux détenus en commun ou en indivision. Enfin, le dépôt des comptes annuels fera également office d'actualisation générale du patrimoine affecté par le biais d'annexes.

Les créanciers professionnels

La déclaration d'affectation est l'occasion pour un entrepreneur « classique » qui souhaite profiter du statut d'EIRL d'informer ses créanciers professionnels. Ces derniers ne peuvent faire obstacle à la formation d'un patrimoine affecté. Néanmoins, ces derniers peuvent exercer un droit d'opposition qui se traduira éventuellement par le remboursement des dettes contractées auprès du créancier qui en fait la demande. Cette issue nécessite, toutefois, l'accord du juge. Cette procédure découragera une opposition importune au droit de l'entrepreneur de protéger son patrimoine privé.

Chapitre 3

Comment transformer une entreprise individuelle en EIRL?

Le statut d'EIRL intéressera assurément l'entrepreneur individuel « classique » qui trouvera à protéger son patrimoine tout en poursuivant son activité dans un cadre de gestion qu'il connaît. L'option pour l'IS forme la principale différence avec les règles actuelles (voir aussi le chapitre 5).

L'exercice de l'activité d'une entreprise individuelle sous la forme d'EIRL n'est que la continuité de l'exploitation dans un cadre juridique différent, mais n'emporte pas transfert de propriété, car l'entrepreneur est la même personne physique. La simple transformation de l'entreprise individuelle en EIRL ne devrait donc avoir aucune conséquence fiscale.

L'entrepreneur déjà en activité qui décide d'exercer sous le statut d'EIRL ne transfère pas son entreprise à une entité juridique distincte puisqu'il s'agit de la même personne physique. En effet, la constitution d'une EIRL ne s'accompagne pas de la création d'une personne morale nouvelle.

La transformation n'entraîne pas de cessation d'activité de la part de l'entrepreneur. Celui-ci poursuit la même activité et exploite la même clientèle dans les mêmes conditions, en utilisant les mêmes ressources et emplois que dans le cadre de l'entreprise individuelle.

L'entrepreneur individuel qui se place sous le statut d'EIRL conserve le même numéro Siret, le même numéro identifiant TVA et le même numéro Urssaf. Le changement de statut juridique ne remet pas en cause les contrats souscrits précédemment au dépôt de la déclaration d'affectation, que ce soit avec les clients, les fournisseurs ou les salariés ou encore l'administration.

Les conséquences fiscales

Absence de taxation de l'apport à l'EIRL

Un exploitant individuel en activité peut choisir le statut d'EIRL. Les éléments inscrits à son actif professionnel, ou certains d'entre eux seulement, doivent alors être mentionnés dans la déclaration du patrimoine d'affectation.

L'affectation des biens au patrimoine professionnel ne constitue pas un apport puisque le choix du statut de l'EIRL n'entraîne pas création d'une personne distincte de la personne physique de l'exploitant. L'entrepreneur reste propriétaire des biens affectés à son activité professionnelle, sur lesquels il est responsable vis-à-vis de ses créanciers professionnels.

L'inscription des biens au patrimoine d'affectation n'entraîne aucune conséquence fiscale. Les plus-values d'apport dégagées lors de la création d'une EIRL par un entrepreneur individuel ne sont donc pas imposables.

Taxation de la sortie des biens à usage privé du patrimoine professionnel

La liberté de gestion propre à l'entrepreneur individuel est désormais encadrée (voir dans le chapitre 1 « Une liberté d'affectation encadrée »). L'entrepreneur individuel « classique » dispose d'une grande liberté pour inscrire les biens dont il dispose à l'actif de l'entreprise. L'inscription d'un bien emporte un certain nombre de conséquences fiscales. Ainsi, dès lors qu'un bien, quelle que soit sa nature (privée ou professionnelle) est inscrit au bilan de l'entrepreneur, les dépenses d'entretien peuvent être déduites du résultat fiscal. Cet avantage s'accompagne d'une contrepartie. En effet, toute sortie du bilan est susceptible d'être imposée.

Pour une activité industrielle, commerciale ou agricole

Le patrimoine d'affectation d'un entrepreneur individuel à responsabilité limitée qui exerce déjà une activité industrielle, commerciale ou agricole à titre individuel peut ne pas être identique à l'actif professionnel inscrit à son bilan. En effet, les biens à usage purement privé ne peuvent pas entrer dans la composition du patrimoine d'affectation de l'EIRL alors qu'en vertu du principe de liberté d'affectation comptable, ces biens peuvent être inscrits à l'actif de l'entreprise individuelle.

Ainsi, le patrimoine d'affectation de l'EIRL ne peut pas comprendre l'immeuble d'habitation de l'entrepreneur individuel. Alors que cet immeuble d'habitation peut-être inscrit à l'actif de l'entreprise individuelle. Les dépenses d'exploitation déductibles de l'EIRL ne pourront donc pas prendre en compte :

> les intérêts de l'emprunt ayant permis l'acquisition de l'immeuble ;
> l'amortissement de l'immeuble ;
> les dépenses d'entretien.

Lors de la constitution de l'EIRL, l'exploitant doit sortir les biens à usage privé du patrimoine professionnel. Cette sortie entraîne la constatation de plus ou moins-values calculées par rapport à la valeur réelle du bien au jour du transfert, et taxables selon le régime des plus-values professionnelles, sauf application d'une mesure d'exonération.

Lorsque les biens qui étaient inscrits à l'actif professionnel de l'exploitant individuel sont mentionnés dans la déclaration du patrimoine d'affectation de l'EIRL pour une valeur supérieure à leur valeur d'origine, la différence n'est pas imposée. En effet, la déclaration de valeur des biens affectés n'a qu'une portée juridique.

Pour une activité libérale

Lorsqu'un exploitant individuel qui exerce une activité libérale imposée selon le régime de la déclaration contrôlée (BNC) choisit de se placer sous le statut de l'EIRL, le patrimoine d'affectation qu'il doit déclarer doit être identique au patrimoine professionnel qu'il a dû, au plan fiscal, distinguer de son patrimoine privé. En effet, les critères qui commandent l'inscription des biens au patrimoine d'affectation sont les mêmes que ceux mis en œuvre pour déterminer la composition de l'actif professionnel des titulaires de BNC.

Transformation en EIRL soumise à l'IR

Comme la transformation de l'entreprise individuelle ne constitue pas une cessation d'activité, la transformation de l'entreprise individuelle en EIRL n'a aucune conséquence fiscale. En effet, les dispositions fiscales qui entraînent l'imposition immédiate du bénéfice et des plus-values latentes n'ont donc pas à s'appliquer pour le dernier exercice de l'entreprise individuelle.

Transformation en EIRL soumise à l'IS

Lorsqu'une société de personnes soumise à l'IR se transforme en société commerciale ou opte pour l'IS, aucune personne morale nouvelle n'est créée. Pourtant, l'adoption d'un nouveau régime fiscal emporte pour cette société les mêmes conséquences que la cessation d'activité ou dissolution de société.

L'exploitant individuel soumis à l'IR qui poursuit son activité sous la forme d'une EIRL qui opte pour l'IS sera soumis au régime fiscal de la cessation d'activité.

Pour les artisans et commerçants, le résultat fiscal au jour de la transformation est imposé. La déclaration de résultat doit être déposée dans les soixante jours de la transformation. La principale conséquence de la transformation est l'imposition des plus-values latentes des éléments d'actif c'est-à-dire la différence entre la valeur de marché et la valeur à laquelle a été inscrit le bien au bilan.

Pour les professionnels libéraux, les plus-values latentes sont également imposables. Comme pour les commerçants et artisans, le résultat fiscal au jour de la transformation est également imposable. Cependant, le professionnel libéral passe d'une comptabilité de caisse (produits encaissés et charges décaissées) à une comptabilité d'engagement (produits et charges facturés). Le résultat fiscal imposable intègre alors les créances et les dettes. Ceci risque d'augmenter sensiblement le bénéfice compte tenu, d'une part, des en-cours clients pouvant atteindre plusieurs mois de facturation, et, d'autre part, du niveau généralement assez faible des dettes à régler. Ce phénomène sera limité à l'année pendant laquelle l'exploitant libéral se placera sous le régime de l'EIRL.

L'administration fiscale applique le principe de neutralité fiscale pour la transformation d'entreprise en société et le changement de régime fiscal. De même, pour les professions libérales, l'administration a mis en place des dispositifs afin de limiter le surplus d'imposition généré par une restructuration d'entreprise libérale. L'EIRL, assimilable à une EURL sur le plan fiscal, doit pouvoir bénéficier de ces mesures d'atténuation fiscale.

Face à ces différentes situations fiscales, voici les principaux dispositifs destinés à atténuer les conséquences de la transformation en EIRL soumise à l'IS.

Le report d'imposition des plus-values latentes

Un exploitant apportant son entreprise individuelle à une société, en échange de titres de cette société, peut se placer sous un régime optionnel lui permettant de surseoir à l'imposition des plus-values d'apport et des profits sur stocks.

Pour l'EIRL, l'imposition des plus-values latentes serait reportée à la date de cession des éléments transférés ou à celle de leur « désaffectation » du patrimoine professionnel. L'exonération de droits d'enregistrement sur les apports à titre onéreux pourrait être accordée à condition de conserver l'ensemble des éléments affectés pendant trois ans.

En pratique, l'exploitant individuel qui choisirait le statut d'EIRL se trouverait dans la même situation fiscale que s'il choisissait d'exercer son activité sous forme de société. Ainsi, il ne supportera l'imposition d'éventuelles plus-values qu'au moment de la cession définitive de l'activité, de ses éléments ou des parts ou actions reçues en échange de l'apport de son entreprise individuelle à une société.

Le changement de régime fiscal (IR ou IS)

Le changement de régime fiscal entraîne les conséquences de la cessation d'activité. Cependant, les sociétés procédant à un changement de régime fiscal bénéficient d'une atténuation conditionnelle consistant en la seule imposition du bénéfice de l'exercice en cours. Échappent ainsi à l'imposition immédiate les provisions non réintégrées, les plus-values latentes et les profits latents sur stocks.

Le changement de régime fiscal peut intervenir lors de la transformation de l'entreprise individuelle en EIRL soumise à l'IS ou en cours d'existence de l'EIRL quand l'entrepreneur opte pour l'IS. Le dispositif précédent destiné à limiter les contraintes fiscales pesant sur les entreprises, devrait donc trouver à s'appliquer pour la transformation d'entreprise individuelle en EIRL soumise à l'IS.

Les mesures d'atténuation fiscale pour les professions libéral

Pour les professionnels libéraux, dont le mode de comptabilisation va se trouver modifié (voir plus haut, p. 42), deux voies sont envisageables afin d'atténuer les conséquences fiscales de l'adoption du statut d'EIRL : le transfert d'imposition et l'étalement de l'imposition.

Transfert d'imposition des créances et dettes du dernier trimestre d'activité

Les professionnels libéraux imposés en BNC qui créent une société bénéficient de la possibilité de transférer les créances et dettes du dernier trimestre d'activité à la nouvelle structure qui les reprend à son bilan.

Cette option permet d'atténuer le surplus d'imposition lié au changement de détermination du résultat fiscal. En effet, les créances et les dettes sont traitées au niveau de la nouvelle structure pour être imposées au nom de l'associé concerné sur l'exercice au cours duquel elles sont effectivement réglées. Cette disposition devrait pouvoir s'appliquer aux EIRL dont l'activité est libérale du fait de leur choix du statut d'EIRL soumise à l'IS.

Étalement du surplus d'imposition

En cas d'apport d'une entreprise libérale à une société de personnes ou à une société d'exercice libéral ou «SEL», l'apporteur a la possibilité de demander l'étalement sur trois ou cinq ans du surplus d'imposition qu'il doit supporter à titre personnel correspondant à la prise en compte des créances et dettes. En contrepartie, les sommes dont le paiement est différé se voient appliquer le taux d'intérêt légal. Cette disposition devrait pouvoir s'appliquer aux EIRL libérales du fait de leur transformation en EIRL et de l'option pour l'IS.

Les conséquences comptables

Le patrimoine affecté de l'EIRL est composé de l'ensemble des biens nécessaires à l'exercice de l'activité de l'EIRL. Il peut aussi comprendre les biens utiles dans l'exercice de l'activité, c'est-à-dire des biens à usage mixte (immeuble, voiture, etc.). En revanche, les biens non utilisés dans le cadre de l'exploitation font obligatoirement partie du patrimoine personnel (voir encadré « La formation du patrimoine affecté », chapitre 1, p. 13).

Cette définition correspond à la notion fiscale de l'actif professionnel retenue pour la catégorie des BNC. Si l'administration fiscale traite la transformation de l'entreprise individuelle en EIRL comme un apport, les valeurs de clôture de l'entreprise individuelle ne seront pas reprises telles quelles dans l'EIRL. En effet, les biens apportés doivent être comptabilisés pour leurs valeurs réelles, estimées éventuellement par un professionnel.

Conséquences fiscales : démonstration par l'exemple

Un entrepreneur individuel exerce une activité de boulanger depuis cinq ans. Il est imposé à l'IR, dans la catégorie des BIC déterminés selon le régime simplifié d'imposition. Souhaitant protéger son patrimoine personnel contre les risques financiers inhérents à son activité, il se place sous le statut protecteur de l'EIRL. Le patrimoine d'affectation doit être déclaré au RCS. Il constitue le gage unique des créanciers professionnels. L'exploitant continue de tenir une comptabilité identique à celle requise en qualité de commerçant au régime simplifié d'imposition.

Composition de l'actif professionnel et valorisation lors du passage au statut d'EIRL :

» un fonds de commerce acquis cinq ans auparavant pour 400 000 € et valorisé à 450 000 € lors du passage au statut d'EIRL ;

» un véhicule de tourisme d'une valeur nette comptable de 5 000 € utilisé à la fois pour les trajets privés de l'exploitant et pour ses trajets professionnels (démarchage de restaurants, livraisons à domicile, etc.) ; la valeur réelle est estimée à 6 000 € ;

» des valeurs mobilières acquises 1 000 €, évaluées à 1 500 €, qui constituent des biens purement privés.

Que faut-il inscrire au patrimoine affecté à l'EIRL ? L'entrepreneur a l'obligation d'y inscrire son fonds de commerce mais dispose de la liberté d'y affecter ou non son véhicule. Les valeurs mobilières sont exclues du patrimoine affecté : l'entrepreneur doit donc reprendre les valeurs mobilières dans son patrimoine privé.

Quelles conséquences au plan fiscal ?

Tout d'abord, il faut considérer l'imposition des plus-values lors de l'inscription au patrimoine affecté.

La reprise des valeurs mobilières dans le patrimoine privé entraîne l'imposition d'une plus-value professionnelle égale à la différence entre leur valeur au jour du dépôt de la déclaration d'affectation (1 500 €) et leur valeur d'origine (1 000 €), soit 500 €. L'entrepreneur peut éventuellement bénéficier d'une exonération d'imposition.

L'affectation du fonds de commerce au patrimoine affecté n'entraîne aucune conséquence. On le retrouve tel quel dans le bilan de l'EIRL.

Enfin, le véhicule est qualifié de bien mixte, c'est-à-dire utile à l'exploitation, mais non indispensable à l'exploitation. L'EIRL doit alors choisir entre le conserver dans son patrimoine privé ou décider de l'affecter au patrimoine d'affectation.

L'administration fiscale pourrait considérer que le choix pour le statut de l'EIRL entraîne la constatation de plus-values d'apport, susceptibles de bénéficier du régime de report d'imposition. Ainsi, l'imposition de la plus-value latente sur le fonds de commerce soit 50 000 € (450 000 € − 400 000 €) serait reportée à la cession du fonds ou à l'annulation des « droits » reçus en rémunération de l'apport. La plus-value sur le véhicule (6 000 € − 5 000 € = 1 000 €) serait réintégrée de manière étalée sur cinq exercices dans les bénéfices de l'EIRL.

Composition de l'actif	Valeur comptable	Valeur réelle	Inscription dans le patrimoine affecté	Plus-value	Imposition
Fonds de commerce	400 000 €	450 000 €	obligatoire	50 000 €	non
Véhicule de tourisme	5 000 €	6 000 €	facultatif	1 000 €	non
Valeurs mobilières	1 000 €	1 500 €	interdit	500 €	non
	406 000 €	457 500 €			

On compte près d'un million et demi d'exploitants individuels. Combien choisiront de bénéficier du statut d'EIRL ? Et quelles conséquences envisager dès à présent ?

▷ Une protection accrue...

Le statut de l'EIRL aura sans nul doute pour premier attrait une protection accrue du patrimoine personnel de l'exploitant vis-à-vis des créanciers professionnels.

▷ ...et l'option possible pour l'IS

De plus, l'option pour l'imposition du résultat à l'IS pèsera en faveur du statut d'EIRL. Tous les entrepreneurs qui s'interrogent quant à l'opportunité de choisir une forme d'exploitation en société pour bénéficier de l'option à l'IS porteront un regard attentif sur les avantages du nouveau statut.

▷ En contrepartie d'une liberté de gestion encadrée...

Néanmoins, outre les formalités relatives au dépôt de la déclaration d'affectation, les entrepreneurs individuels qui souhaitent se placer sous le statut de l'EIRL devront faire la part des choses entre les éléments nécessaires à la poursuite de leur activité d'EIRL et les autres.

▷ ...et de conséquences fiscales à mesurer

Pour ces autres biens, il sera impératif d'exclure du périmètre du patrimoine affecté ceux dont le caractère est strictement personnel et ceux dits mixtes. Si les premiers étaient jusqu'à présent inscrits au bilan de l'entreprise individuelle, leur sortie du bilan est inévitable et avec elle ses conséquences en matière d'imposition des plus-values latentes. Pour les seconds (biens mixtes), une analyse au cas pas cas s'imposera, le plus souvent aux côtés d'un tiers évaluateur ou d'un centre de gestion agréé (CGA) ou d'une association de gestion agréée (AGA).

Chapitre 4

L'EIRL au quotidien

Quand bien même le statut d'EIRL entretient de grandes similitudes avec celui d'entrepreneur individuel « classique », les deux ne se confondent pas. Et pour cause, alors que ce dernier ne fait pas de distinction entre le patrimoine privé et le patrimoine professionnel, le statut d'EIRL est fondé sur une séparation claire. D'un côté, le patrimoine personnel de l'entrepreneur, de l'autre le patrimoine d'affectation. C'est pourquoi, au-delà de la formalité qui consiste à déposer une déclaration d'affectation, l'EIRL doit respecter certaines règles destinées à entretenir aux yeux des tiers son statut.

La dénomination

La dénomination de l'entreprise est obligatoirement précédée ou suivie de la mention « entrepreneur individuel à responsabilité limitée » ou des lettres « EIRL » sur tous les documents émanant de l'entreprise. Il s'agit notamment des courriers, des factures, des devis, mais également des coordonnées d'un site Internet à vocation commerciale.

L'entrepreneur qui méconnaît, volontairement ou non, cette obligation s'expose à la remise en cause de sa responsabilité limitée. La mention de ce statut particulier est, en effet, un moyen d'information déterminant dans les relations de l'entrepreneur avec les tiers.

Un compte bancaire dédié

L'EIRL a également pour obligation d'ouvrir un compte bancaire dédié à l'activité professionnelle. Cette mesure tend à rapprocher les conditions d'exercice de l'EIRL de celles des sociétés. Il est alors primordial que l'entrepreneur ne fasse pas de confusion entre son patrimoine personnel et son patrimoine affecté.

Cette règle contraint donc l'entrepreneur à procéder à l'ouverture d'un compte «professionnel» auprès d'un établissement bancaire. Les exploitants qui choisissent ainsi le statut d'EIRL devront idéalement réaliser cette ouverture en préalable au dépôt de leur déclaration.

Le droit au compte

De nombreux exploitants individuels, par souci de simplicité, font le choix de domicilier tout ou partie des flux relatifs à leur activité sur leur compte bancaire personnel. À cela rien d'étonnant ni d'interdit. Seule la comptabilité pourra s'en retrouver quelque peu alourdie lors des tâches de rapprochement bancaire entre le livre journal et les relevés de compte bancaire. Dans d'autres cas, l'ouverture d'un compte bancaire «professionnel» devient un véritable parcours du combattant. Aussi, quelle que soit sa situation ou son activité, l'ouverture d'un compte bancaire est un droit. Face à des difficultés pour exercer cette ouverture de compte, la Banque de France est l'intermédiaire de référence auquel s'adresser pour remédier dans les meilleurs délais aux obstacles rencontrés. Celle-ci peut alors désigner un établissement aux fins de procéder à l'ouverture du compte.

Trouver les financements

Comment développer son entreprise et en assurer la pérennité, sans mettre en péril ses biens personnels par une caution ? Si les banques accordent des crédits aux EIRL en exigeant des garanties sur les biens non affectés, l'intérêt du patrimoine d'affectation de l'EIRL est réduit à néant.

OSEO, chargé de soutenir l'innovation et la croissance des PME en France, apporte une garantie financière aux banques jusqu'à 70 % de l'encours prêté aux EIRL à condition qu'elles ne constituent des sûretés pour le complément que sur les éléments composant le patrimoine affecté. Il faut donc que la valeur des éléments affectés à l'activité par les entrepreneurs soit suffisamment élevée pour inciter les banques à les financer.

La SIAGI, tournée vers le monde de l'artisanat ainsi que les activités de proximité, propose également sa garantie financière. La SIAGI garantit également, *a posteriori* pour les crédits en cours, les entrepreneurs individuels qui se placent sous le statut de l'EIRL.

Tenue d'une comptabilité

Tous les EIRL doivent tenir une comptabilité commerciale, quelle que soit la nature de leur activité. Un professionnel libéral qui fait le choix du statut d'EIRL doit tenir une comptabilité d'engagement (chiffre d'affaires facturé, etc.) et non une comptabilité de caisse (chiffre d'affaires encaissé).

Les obligations comptables de l'EIRL dépendent de son régime d'imposition

En principe, une entreprise doit tenir des comptes annuels qui comprennent le bilan, le compte de résultat et l'annexe, qui forment un tout indissociable. Ils sont établis à la clôture de l'exercice au vu des enregistrements comptables et de l'inventaire. Cependant, les comptes annuels ne sont pas obligatoires dans tous les cas. Ainsi, l'exploitant individuel imposé selon le régime des micro-entreprises est dispensé sur le plan comptable et fiscal d'établir un bilan.

Les obligations comptables de l'EIRL dépendent du régime d'imposition qui est fonction de son chiffre d'affaires et de la nature de son activité.

Les obligations comptables dépendent...	du chiffre d'affaires HT...		
... et de l'activité	Imposition selon le résultat réellement dégagé		Évaluation forfaitaire du résultat pour les micro-entreprises
Industrielle, commerciale, de prestation de services, artisanale (activité « BIC »)	Régime du réel normal	Régime du réel simplifié	Micro-BIC
Libérale (conseil, etc.) (activité « BNC »)	Déclaration contrôlée		Micro-BNC appelé régime déclaratif

Des obligations en fonction du régime fiscal

Chaque régime fiscal s'accompagne d'obligations fiscales et comptables plus ou moins larges. Il en va ainsi aussi bien s'agissant du bilan, du compte de résultat et des annexes, mais également de la fréquence à laquelle la déclaration de TVA doit être déposée (sauf à se situer dans un régime dit en franchise de TVA, à savoir les régimes « micro »).

Les régimes des micro-entreprises

Dans ce régime, le chef d'entreprise reporte simplement le montant de ses recettes sur sa déclaration de revenus. Le bénéfice imposable est alors déterminé directement par l'administration, à partir de ces recettes, en leur appliquant un abattement forfaitaire pour frais professionnels.

L'EIRL placée sous un régime fiscal de micro-entreprise (micro-BIC ou micro-BNC) ou le forfait agricole (c'est-à-dire l'équivalent d'un régime « micro » pour les activités de nature agricole), n'est pas concernée par la production d'une comptabilité d'engagements, car les obligations comptables sont simplifiées. Les obligations comptables de l'EIRL se résument à la tenue d'un livre journal des recettes, voire d'un journal des achats si l'activité exercée porte sur la vente de biens.

En cours d'exercice, deux documents permettent à l'exploitant (EIRL ou non) de retracer sa comptabilité de façon simple et fidèle à son activité, à savoir :

❯ la tenue d'un livre journal enregistrant dans l'ordre chronologique le montant et l'origine des recettes professionnelles encaissées en distinguant les règlements en espèces des autres règlements et appuyé des factures de ventes, de prestations ou d'honoraires ;

› la tenue d'un registre récapitulé par année présentant le détail des achats avec les factures d'achat.

C'est surtout en fin d'exercice que les régimes de micro-entreprise allègent de manière sensible les contraintes en matière de tenue de comptabilité grâce à :

› l'absence d'obligation d'établir un bilan, un compte de résultat et une annexe ;

› la dispense de livre-journal, de grand livre et de livre d'inventaire ;

› l'exonération d'établir une déclaration fiscale des bénéfices ; cependant, il faut joindre à la déclaration des revenus l'imprimé n° 2042 P afin de permettre le calcul des plus-values de cession.

Les régimes du réel simplifié et du réel normal

Quand l'EIRL exerce une activité libérale (imposée aux BNC), industrielle, commerciale ou artisanale (imposée aux BIC), il est alors imposé selon un régime réel d'imposition, il doit déclarer le bénéfice qu'il a réellement réalisé à partir d'une comptabilité d'engagement.

Régime du réel simplifié et du réel normal : obligations comptables de l'EIRL		
	Régime du réel simplifié	**Régime du réel normal**
En cours d'exercice	Comptabilité de trésorerie : enregistrer au jour le jour uniquement les recettes encaissées et les dépenses payées.	Comptabilité d'engagement : enregistrer au jour le jour les créances acquises (produits facturés) et les dettes certaines (charges supportées).

Régime du réel simplifié et du réel normal : obligations comptables de l'EIRL		
	Régime du réel simplifié	**Régime du réel normal**
En fin d'exercice	Constatation des créances et des dettes afin de se traduire en comptabilité d'engagement. Évaluation des stocks et des travaux en cours selon une méthode simplifiée Présentation simplifiée du bilan et du compte de résultat si certains seuils ne sont pas dépassés. Dispense d'annexe.	Évaluation des stocks et des travaux en cours selon leur coût réel. Présentation simplifiée du bilan et du compte de résultat si certains seuils ne sont pas dépassés Annexe des personnes physiques.

Le résultat est déterminé :

> à partir des produits réalisés (créances acquises) et des charges supportées (dettes certaines). Une vente est comptabilisée en produits dès qu'elle est facturée même si elle n'est pas encaissée. Une facture d'achat est enregistrée en charge même si elle n'est pas réglée ;

> en prenant en compte les amortissements ;

> et en constituant d'éventuelles provisions.

Cependant, pour le réel simplifié d'imposition, l'entreprise peut tenir une comptabilité de trésorerie en cours d'exercice (on comptabilise les recettes encaissées et les charges payées) et constater les créances et les dettes en fin d'exercice. Cette méthode permet, à la clôture de l'exercice, d'assimiler une comptabilité de trésorerie à une comptabilité d'engagement. De plus, d'autres allégements sont autorisés par l'administration fiscale (c'est le cas avec la faculté de tenir une comptabilité super-simplifiée).

La comptabilité de trésorerie

Si l'entreprise est imposée selon le régime du réel simplifié, elle peut tenir, en cours d'exercice, une comptabilité de trésorerie et n'enregistrer les créances et les dettes qu'à la clôture de l'exercice.

Faut-il tenir une comptabilité de trésorerie?

L'entreprise doit considérer la comptabilité comme un outil de gestion :

❯ L'entreprise dont la clientèle est surtout composée de particuliers (commerçants, détaillants, artisans, etc.) effectue des opérations réglées essentiellement au comptant ou dans des délais rapprochés; la comptabilité de trésorerie est à conseiller pour ce type d'activité, car elle est simple tout en permettant de bien suivre l'activité de l'entreprise.

❯ En revanche, la comptabilité de trésorerie est à déconseiller lorsque les règlements des clients ou ceux effectués au profit des fournisseurs sont effectués à terme; il faut dans ce cas enregistrer les créances et les dettes au fur et à mesure (comptabilité classique) afin que la comptabilité soit un outil de pilotage qui permette de connaître le résultat de l'entreprise (ne pas raisonner en résultat encaissé), de relancer les clients en retard de paiement, de bâtir une prévision de trésorerie pour éviter un découvert non prévu ou de laisser de l'argent dormir en banque sans être placé, etc.

Si l'entreprise relève du régime simplifié d'imposition, elle peut opter pour une comptabilité super-simplifiée pour l'établissement de la déclaration fiscale; cette option doit être exercée au titre de chaque exercice sur la déclaration des résultats. La comptabilité super-simplifiée permet sur le plan fiscal l'enregistrement forfaitaire des dépenses de carburant et l'absence des frais généraux accessoires payés en espèces dans la limite de 1 ‰ du chiffre d'affaires et d'un minimum de 150 euros. Ces simplifications ne sont pas admises en comptabilité.

Comment tenir une comptabilité de trésorerie?

a. La comptabilité doit remplir certaines conditions pour avoir une valeur probante :

❯ La comptabilité doit être exhaustive, c'est-à-dire qu'elle doit enregistrer toutes les opérations concernant l'entreprise.

❯ La comptabilité doit être exacte : elle ne doit pas comporter d'erreurs, d'inexactitudes graves et répétées (erreurs de report, caisse créditrice, défaut d'inventaire, enregistrement global de recettes en fin de semaine ou de mois).

❯ Les enregistrements doivent être appuyés de pièces justificatives qui peuvent provenir de tiers (factures d'achats de biens ou services, reçus, pièces de dépenses, lettres, etc.), de l'entreprise elle-même (copies de factures de vente, bons de livraisons, copies de lettres, etc.), ou être constituées de pièces annexes (bandes de caisse enregistreuse, main courante, brouillard de caisse, livre des pourboires, etc.).

Par ailleurs, pour donner une valeur probante à la comptabilité d'un commerce au détail dont les ventes sont essentiellement au comptant, il faut au minimum l'inscription en fin de journée du total des recettes (lorsque leur valeur unitaire n'excède pas 76 euros TTC) sur le livre de caisse et une bande de caisse enregistreuse. Pour plus de sécurité, en cas de contrôle fiscal, il faut également un état des encaissements avec les références et quantités, le nom des clients, etc., accompagné du calcul du solde de caisse en fin de journée et d'un inventaire des espèces, enfin, signé par les salariés dont la rémunération est calculée sur le chiffre d'affaires (guelte ou service).

b. Enregistrement des opérations en cours d'exercice sur les journaux de trésorerie :

En cours d'exercice, l'entreprise doit comptabiliser uniquement les encaissements ou les décaissements et en indiquer la contrepartie (charge, produit, immobilisation, virement de compte à compte, etc.). L'entreprise doit enregistrer ces opérations au jour le jour en les reportant manuellement sur un document si la tenue est manuelle, ou en les saisissant en respectant les instructions du logiciel de comptabilité si la tenue est effectuée avec un ordinateur. Que la tenue de comptabilité soit manuelle ou informatisée, au final, l'entreprise comptabilise ses opérations sur un document appelé «journal de trésorerie». L'entreprise doit choisir ses journaux de trésorerie en fonction de son activité, de la fréquence des opérations à enregistrer et de la procédure de traitement.

Ce suivi doit être réalisé régulièrement par l'entrepreneur ou un comptable. Il faut ainsi tenir :

❯ Un journal des encaissements et un journal des décaissements comprenant chacun une colonne par compte de trésorerie utilisé (caisse, banque, chèques postaux) et des colonnes pour la contrepartie.

❯ Un journal par compte de trésorerie enregistrant les encaissements et les décaissements : l'entreprise tient un journal de caisse, un ou plusieurs journaux de banque et un journal de CCP.

❯ Un journal unique de caisse : les commerçants détaillants peuvent tenir un seul journal de caisse qui enregistre les recettes et les dépenses tant en espèces que par chèque (en principe, le journal de caisse doit enregistrer uniquement des espèces). Les conditions suivantes doivent cependant être respectées :

– à chaque remise de chèque en banque, le compte de caisse doit être crédité du montant des chèques remis ;

– une ventilation doit être effectuée entre les dépenses payées par chèque et celles payées en espèces ;

– tous les mouvements de fonds, retraits ou apports, doivent faire l'objet d'un enregistrement distinct.

c. Registre des immobilisations :

Les mouvements de trésorerie liés aux acquisitions ou cessions d'immobilisations sont enregistrés sur les journaux de trésorerie. De plus, l'acquisition ou la cession d'une immobilisation est transcrite sur le registre des immobilisations : cette inscription permet de déterminer le montant de la TVA récupérable et de faciliter les opérations de fin d'exercice (recensement des actifs, calcul des amortissements, calcul des plus ou moins-values de cession).

d. Classement des pièces justificatives :

Les pièces justificatives (factures émises et reçues, etc.) doivent faire l'objet d'un classement rigoureux. Il faut :

❯ inscrire sur la pièce un numéro d'ordre chronologique au fur et à mesure de leur émission et de leur réception ;

❯ ne conserver qu'un seul exemplaire (pour une facture d'achat, conserver l'original et détruire les doubles) ;

❯ classer les pièces ;

❯ indiquer sur la pièce le règlement intervenu : mode de règlement, date, montant (« Payé par chèque n° xxxx sur la banque XXX, le 29 juin 20xx pour un montant de xxxx € »).

Le classement est très important, car il permet de :

> éviter les doubles emplois (une facture d'achat enregistrée deux fois) ;

> éviter les omissions (une facture non enregistrée alors qu'elle a été payée) ;

> constater en fin d'année les sommes restant à recevoir et à payer (factures fournisseurs non payées et donc non enregistrées ; factures clients non encaissées et donc non enregistrées).

Il appartient au chef d'entreprise d'organiser le procédé de classement des documents qui lui paraît le mieux adapté à son entreprise : classement des factures d'achat par fournisseur dans l'ordre alphabétique, classement des pièces avec un échéancier (réglé, non réglé), etc.

e. Opérations en fin d'exercice :

Dans le courant de l'année, l'entreprise a enregistré uniquement les encaissements et les décaissements. À la fin de l'exercice (généralement au 31 décembre), il faut enregistrer les factures d'achat et de vente qui feront l'objet d'un règlement au cours de l'exercice suivant, car ces achats et ces ventes concernent bien l'exercice.

f. Enregistrement des factures non réglées :

Comme pour les entreprises qui tiennent une comptabilité classique, le résultat de l'entreprise est composé de toutes les charges et de tous les produits de l'exercice, même s'ils n'ont pas fait l'objet d'un paiement ou d'un encaissement. L'entreprise doit donc enregistrer les factures non encaissées, c'est-à-dire les créances, et les factures non réglées, c'est-à-dire les dettes : l'entreprise passe ainsi d'une comptabilité de trésorerie (fondée sur les règlements) à une comptabilité en créances et en dettes (fondée sur les engagements).

Cette «traduction» de la comptabilité se réalise grâce :

> Au recensement des créances et des dettes à partir du classement qui permet de constater en fin d'année les sommes restant à recevoir et à payer :

– factures fournisseurs non payées et donc non enregistrées;

– factures clients non encaissées et donc non enregistrées;

– factures d'acquisition d'immobilisations non payées;

– quittances, notes d'honoraires, avis d'imposition, etc. non réglés;

– salaires non payés, etc.

> À l'enregistrement des créances et des dettes sur un «journal des opérations diverses». Il faut procéder de la même façon que pour la comptabilisation des règlements : les charges (achat, etc.) et les produits (ventes, etc.) sont enregistrés sur le journal avec pour contrepartie, non pas un paiement ou un encaissement, mais une dette et une créance.

Comme il s'agit d'opérations de régularisation effectuées uniquement pour déterminer le résultat de l'entreprise, par simplification il faut globaliser les produits et les charges de même nature (ensemble des ventes non encaissées, ensemble des honoraires non payés, des loyers non payés, etc.) et passer une seule écriture. Au début de l'exercice suivant, il faut annuler l'écriture de régularisation, c'est-à-dire la contre-passer dans le journal des opérations diverses. Ainsi, l'entreprise peut enregistrer normalement tous les encaissements et les paiements dans les journaux de trésorerie sans avoir à se préoccuper des régularisations effectuées à la clôture de l'exercice. L'entreprise peut enregistrer elle-même les encaissements et les paiements en cours d'exercice, et demander à son expert-comptable de procéder aux opérations de régularisation à la clôture de l'exercice.

g. Opérations d'inventaire :

Comme toute entreprise, il faut effectuer à la clôture de l'exercice un certain nombre d'opérations d'inventaire :

❯ Constater les amortissements et les provisions nécessaires.

❯ Régulariser les charges et les produits c'est-à-dire ne pas prendre en compte les charges et les produits facturés, mais qui ne concernent pas l'exercice (marchandise facturée mais non encore livrée) ; mais prendre en compte les charges et les produits concernant l'exercice, mais non facturés (les agios débiteurs du dernier trimestre dont la banque ne vous a pas fait parvenir le relevé).

❯ Procéder à l'inventaire qui permet de recenser et d'évaluer le stock à la clôture de l'exercice : en principe, les stocks de marchandises sont enregistrés à leur coût d'acquisition, mais, pour une entreprise qui tient une comptabilité de trésorerie, les stocks et les travaux en cours peuvent être évalués selon une méthode simplifiée : pour les produits et les marchandises, application à leur prix de vente, à la clôture de l'exercice, d'un abattement correspondant à la marge moyenne pratiquée par l'entreprise ; pour les travaux en cours, le prix de revient est réputé égal au montant des acomptes réclamés au client avant facturation.

Dépôt des comptes annuels

Obligation de dépôt

L'EIRL doit déposer des comptes annuels au registre où a été effectué l'enregistrement de la déclaration d'affectation pour y être annexés. Les comptes annuels correspondent au compte de résultat, au bilan et à une annexe. Ce dépôt annuel permet l'actualisation, d'une part, de la composition du patrimoine affecté et, d'autre part, de la valeur des éléments le constituant.

Dès lors que les résultats de l'EIRL sont imposés dans le cadre d'un régime micro, l'obligation de dépôt de la comptabilité se réduit à des documents comptables simplifiés : le livre journal des recettes et le livre journal des achats lorsque l'activité exercée porte sur des ventes.

Les sanctions

En cas de non-dépôt des comptes annuels, à la demande de tout intéressé ou du ministère public, le Président du tribunal peut contraindre l'EIRL à respecter ses obligations sous peine d'astreinte.

La loi ne prévoit pas de sanctions similaires pour les sociétés à responsabilité limitée. Pour une SARL, le délai de dépôt est d'un mois au plus à compter de l'approbation des comptes annuels par l'assemblée des associés. Le défaut de dépôt des comptes annuels est susceptible d'être sanctionné d'une amende pénale de 1 500 euros (contravention de cinquième classe), voire du double lorsque la récidive est constatée.

En l'absence d'approbation des comptes annuels dans le cadre d'une entreprise individuelle, la date limite de dépôt doit intervenir dans le mois qui suit celle du dépôt de la déclaration fiscale.

L'entrepreneur individuel pourrait être condamné à verser des dommages-intérêts dans le cadre d'une procédure de droit commun si le défaut de dépôt des comptes annuels a pu causer un préjudice à un tiers.

Du fait de son statut, l'EIRL doit satisfaire à un certain nombre de règles qui ont pour but, tantôt de faire connaître sa situation d'entrepreneur individuel à responsabilité limitée, tantôt d'informer de sa situation comptable. L'EIRL pourra également compter sur la garantie d'établissement spécialisé afin de faciliter son accès au crédit sans contrarier la protection de son patrimoine privé.

« EIRL » ou « entrepreneur individuel à responsabilité limitée »

L'EIRL doit présenter ostensiblement sa qualité. Cette règle se traduit par l'obligation de mentionner le statut sur l'ensemble des documents produits par l'entrepreneur (courrier, facture, devis, etc.).

Compte bancaire « professionnel »

À la différence de l'exploitant « classique », le patrimoine de l'EIRL distingue entre sa partie personnelle et sa partie professionnelle (le patrimoine affecté). Cette distinction impose de faire également la part entre les flux personnels et ceux propres à son activité. C'est pourquoi l'EIRL doit impérativement disposer d'un compte bancaire dédié. Cette obligation doit être rigoureusement respectée, au risque, en cas de défaillance, de voir la protection de son patrimoine personnel remise en cause.

Financer sans se porter caution personnelle

Les effets du patrimoine d'affectation restreignent l'étendue du patrimoine de l'entrepreneur sur lequel peuvent agir les créanciers professionnels en cas de difficultés. La tentation de solliciter la caution personnelle est donc réelle aux fins d'élargir le seul champ du patrimoine d'affectation. C'est pourquoi les établissements bancaires doivent orienter tout EIRL qui sollicite un emprunt pour son activité professionnelle vers un organisme de caution afin de se substituer à la caution personnelle de l'entrepreneur. Les principaux sont OSEO et la SIAGI.

Satisfaire aux obligations comptables et fiscales

L'EIRL est soumis aux obligations comptables et fiscales dont il relève selon son régime d'imposition. Ce régime dépend d'abord du montant du chiffre d'affaires réalisé. De manière générale, plus ce chiffre est élevé plus les obligations sont nombreuses. Le régime le plus simple restant celui dit du « micro » qui se décline selon l'activité : micro-entreprise pour les commerçants et artisans, déclaration contrôlée pour les professions libérales et le régime du forfait pour les exploitants agricoles. Pour plus de détails, le lecteur est invité à se référer au chapitre suivant, consacré au régime fiscal.

Chapitre 5

Quel régime fiscal ?
Quel statut social ?

Les exploitants individuels, quelle que soit la nature de leur activité, sont obligatoirement soumis à l'IR sur la totalité de leur résultat. En principe, l'EIRL est également imposé à l'IR. Son bénéfice est ajouté aux autres revenus catégoriels de l'entrepreneur individuel et le revenu global est imposé à l'IR en fonction des tranches d'imposition qui vont de 0 à 41 % (IR).

en pratique

Barème d'imposition pour les revenus 2011

» Jusqu'à 5 963 € : 0 %.

» De 5 963 € à 11 896 € : 5,5 %.

» De 11 896 € à 26 426 € : 14 %.

» De 26 420 € à 70 830 € : 30 %.

» Plus de 70 830 € : 41 %.

Cependant, l'EIRL peut opter pour l'IS. L'entrepreneur individuel n'a donc pas besoin de créer d'EURL ou de SASU pour pouvoir opter pour l'IS (l'EURL est imposée à l'IR mais peut opter pour l'IS, tandis que la SASU est imposée de droit à l'IS mais peut opter pour l'IR). Le statut de l'EIRL constitue une réelle avancée pour l'entrepreneur individuel qui peut donc opter pour l'IS.

Au final, l'entrepreneur individuel à responsabilité limitée relève de l'IR, sauf s'il opte pour l'IS.

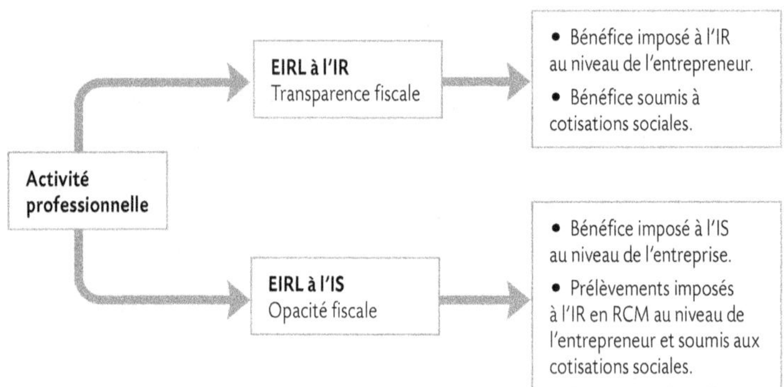

L'entrepreneur individuel à responsabilité limitée, imposé selon un régime réel d'imposition, simplifié ou normal, peut opter pour l'IS. Cette option est irrévocable :

> Le professionnel libéral est imposé selon les règles des BNC selon le régime de la déclaration contrôlée.

> Un commerçant est imposé selon les règles des BIC ou un agriculteur imposé selon les règles des BA selon un régime réel d'imposition.

En revanche, les EIRL qui relèvent d'un régime micro d'imposition (micro-BIC ou micro-BNC) ou du forfait agricole sont obligatoirement soumises à l'IR. Pour pouvoir opter pour l'IS, une EIRL relevant d'un régime micro d'imposition ou du forfait agricole doit préalablement opter pour un régime réel d'imposition.

L'EIRL qui relève d'un régime réel d'imposition est assimilée à une EURL ou à une EARL lorsque l'entrepreneur est un agriculteur.

Modalités d'imposition du bénéfice de l'EIRL suivant son régime fiscal		
EIRL soumise à...	**Bénéfice de l'EIRL**	**Dividendes aux associés**
l'IS	Le bénéfice est imposé au niveau de l'EIRL au taux de 33 1/3 % ou de 15 % pour une petite EIRL.	Les dividendes sont imposés au niveau de l'entrepreneur dans la catégorie des revenus mobiliers. Un abattement de 40 % permet d'atténuer la double imposition.
l'IR	Le bénéfice est soumis directement au niveau de l'entrepreneur à l'IR dans la catégorie des BIC. En cas de « distribution », les dividendes ne sont pas imposables au niveau de l'entrepreneur, puisque l'intégralité du bénéfice a déjà été taxée à l'IR.	

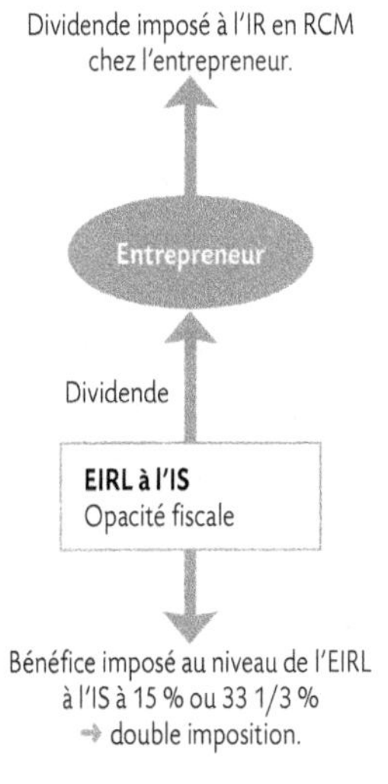

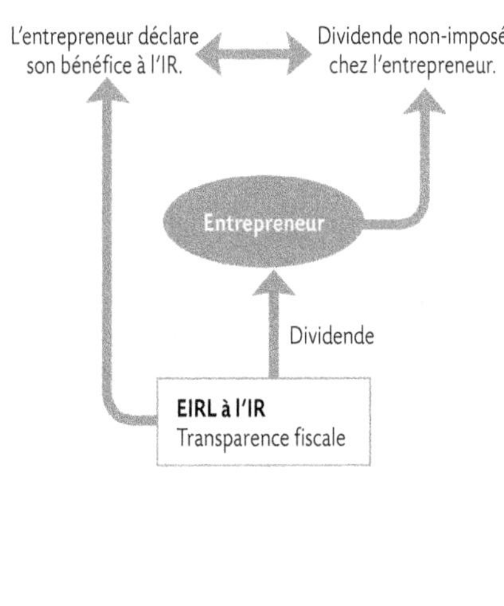

EIRL soumise à l'IS : opacité fiscale

L'EIRL qui opte pour l'IS est fiscalement assimilée à une EURL ou une EARL qui opte pour l'IS. L'entrepreneur individuel de l'EIRL est assimilé à l'associé unique de l'EURL. L'EIRL ne peut plus bénéficier des régimes micro-entreprises (micro-BIC, micro-BNC) ou du forfait agricole.

En cas d'option pour l'IS, les sommes demeurant investies dans l'entreprise supportent uniquement l'IS. Elles ne sont pas soumises à charges sociales.

Les bénéfices réalisés par l'EIRL qui opte pour l'IS sont imposés à l'IS au taux réduit de 15 % jusqu'à 38 120 euros et 33 1/3 % au-delà. En pratique, l'EIRL remplit les conditions pour bénéficier de l'IS à 15 %.

Le déficit est reporté sur les bénéfices de l'entreprise au titre des années suivantes, contrairement à l'entrepreneur soumis au régime IR qui a la possibilité d'imputer la perte sur les autres revenus de foyer fiscal et de réaliser ainsi une économie d'IR.

IS à 15 % : comment en profiter ?

Le taux de l'IS est normalement de 33 1/3 %. Les PME qui satisfont cumulativement à plusieurs conditions peuvent bénéficier d'un taux réduit à 15 %, à concurrence de 38 120 €. Ces conditions sont les suivantes :

» réaliser un CA HT inférieur à 7 630 000 € au titre de l'exercice ou de la période d'imposition considéré ;

» avoir intégralement libéré le capital ;

» avoir un capital détenu de manière continue pour 75 % au moins par des personnes physiques.

Ces deux dernières conditions ne concernent pas l'EIRL.

Les rémunérations versées à l'entrepreneur sont déductibles au niveau de l'EIRL et imposées à l'IR dans la catégorie des traitements et salaires au niveau de l'entrepreneur individuel puisqu'il est assimilé à un gérant majoritaire de SARL (et pour cause, puisque l'EIRL est seul aux commandes de son entreprise). Les salaires versés à l'entrepreneur sont soumis aux cotisations et contributions sociales de l'entrepreneur. Les cotisations sociales sont déductibles du résultat imposable de l'EIRL.

Les sommes distribuées par l'EIRL à l'IS sont assimilées à des dividendes imposés à l'IR dans la catégorie des RCM après application d'un abattement de 40 %.

Comme nous l'avons vu, l'option pour l'IS est irrévocable. Elle doit être notifiée au plus tard avant la fin du troisième mois de l'exercice au titre duquel l'EIRL souhaite être soumise à l'IS. Elle sera signée par l'entrepreneur individuel et adressée au service des impôts du lieu d'établissement de l'EIRL.

Imposition des dividendes distribués par l'EIRL à l'IS

Imposition des dividendes selon le barème progressif

La distribution de dividendes par l'EIRL constitue un revenu de valeurs mobilières (RCM). Elle est imposable à l'IR entre les mains de l'entrepreneur après abattements.

Après un abattement de 40 % sur les dividendes bruts, puis un abattement de 1 525 euros pour une personne seule ou 3 050 euros pour un couple, le montant résiduel est intégré aux autres revenus du foyer pour le calcul de l'IR.

Les dividendes sont des revenus du patrimoine. Ils sont soumis aux prélèvements sociaux au taux de 12,3 % sur le montant brut. La fraction de la CSG déductible du revenu est de 5,8 %.

Le bénéfice non distribué échappe à l'IR et aux prélèvements sociaux sur les revenus du patrimoine.

Option pour le prélèvement forfaitaire libératoire

Au lieu de soumettre ses dividendes au barème progressif de l'IR, l'entrepreneur a la possibilité d'opter pour un prélèvement forfaitaire libératoire (PFL). Le taux du prélèvement est de 19 %, applicable sur les dividendes bruts. En choisissant cette option, l'entrepreneur renonce au bénéfice de l'abattement de 40 % et de l'abattement annuel fixe de 1 525 euros (ou 3 050 euros). De plus, la CSG frappant les revenus du patrimoine n'est plus déductible de l'IR à hauteur de 5,8 %.

en pratique

Imposition du dividende distribué par une EIRL à l'entrepreneur

Un entrepreneur marié est soumis à l'IR au taux marginal de 41 %. Il perçoit un dividende de 100 000 euros. Le résultat de l'EIRL est imposé à l'IS. Sur le dividende encaissé par l'entrepreneur, on applique un abattement de 40 %. Sur ce dividende net, on applique un abattement général de 1 525 euros pour un célibataire ou 3 050 euros pour un couple. Le dividende est alors soumis à l'impôt sur le revenu au taux marginal de l'entrepreneur (le dividende est imposé dans la catégorie des RCM). Il est ajouté aux autres revenus du contribuable. C'est ce revenu global qui est imposé à l'IR *via* le mécanisme du quotient familial). L'entrepreneur doit également payer les prélèvements sociaux au taux de 12,3 % calculés sur le dividende brut avant l'abattement de 40 %. Il peut opter pour le prélèvement libératoire au taux de 19 % calculé sur le dividende encaissé.

Optimiser les distributions de dividendes pour minorer l'IR...

Le dividende distribué à l'entrepreneur de l'EIRL à l'IS est ajouté à ses autres revenus. Son revenu global est imposé à l'IR qui est progressif (barème par tranche). Le dividende est donc imposé au taux marginal d'imposition (TMI) du contribuable. Le contribuable peut avoir des revenus annuels qui fluctuent beaucoup, car il exerce une activité indépendante. Si l'année *N*, les revenus du contribuable sont faibles, il aura intérêt à distribuer le maximum de dividendes pour qu'ils soient imposés à un taux marginal d'imposition (TMI) relativement faible.

... sous réserve du dispositif anti-abus

Néanmoins, l'EIRL doit veiller à ne pas dépasser certaines limites, au risque de voir le montant de tout ou partie de ses dividendes soumis aux cotisations sociales. Ce sera le cas pour la part du bénéfice distribué en dividendes qui excède :
» soit 10 % de la valeur du patrimoine affecté ;
» soit 10 % du bénéfice net si ce montant est supérieur à 10 % de la valeur du patrimoine affecté.
En conséquence, plus le patrimoine affecté est important, plus le bénéfice pourra être distribué en exonération de cotisations sociales.

Imposition de la rémunération distribuée par l'EIRL à l'IS

La rémunération de l'entrepreneur individuel est assimilée à un salaire sur le plan fiscal. Elle est minorée des charges sociales obligatoires et facultatives, puis d'un abattement de 10 % pour frais professionnels.

Arbitrage entre rémunérations et autofinancement pour une EIRL à l'IS

Le bénéfice de l'EIRL peut-être « distribué » ou consacré à l'autofinancement. Le bénéfice peut-être « distribué » sous forme d'une rémunération imposée en salaire et soumise à charges sociales, ou sous forme de dividendes imposés en RCM.

L'absence de distribution permet à l'EIRL à l'IS de constituer une réserve en franchise d'IR et de cotisations sociales. Alors que dans une EIRL à l'IR, tout le bénéfice est soumis à l'IR et à charges sociales, même s'il n'est pas prélevé par l'entrepreneur.

L'EIRL peut ainsi se constituer une capacité d'autofinancement plus importante. L'entrepreneur gagne en outre en indépendance par rapport aux banques et à leurs exigences en matière de garantie pour financer le développement de son activité. Les fournisseurs, eux, sont rassurés sur la solvabilité de l'entreprise.

L'entrepreneur peut lisser sa rémunération sur plusieurs années et réaliser ainsi une économie d'IR. Les bonnes années permettent de thésauriser, c'est-à-dire d'épargner, en vue de maintenir un niveau de rémunération globale (rémunération proprement dite et dividendes) similaire lors d'une année médiocre. De plus, la stabilité du niveau de la rémunération évite les variations importantes d'IR, car la rémunération est soumise à l'IR selon le barème progressif. Pour un entrepreneur imposé à l'IR, le bénéfice important d'une année se trouve imposé dans les tranches les plus élevées de l'IR. La stabilité du niveau de la rémunération évite aussi des régularisations importantes de charges sociales et de CSG/CRDS, car ces cotisations sont calculées sur des bases antérieures.

Option pour l'IS et optimisation fiscale et sociale pour l'EIRL

L'option pour l'IS pourrait permettre d'optimiser le revenu de l'EIRL, car le montant disponible après impôts et prélèvements sociaux pourrait être plus important que dans le cadre d'une EIRL à l'IR. L'optimisation est délicate, car de multiples paramètres sont à prendre en compte.

L'option pour l'IS permet au dirigeant de l'EIRL de déterminer le montant de sa rémunération et de ses dividendes. Ainsi, l'entrepreneur peut privilégier l'imposition de son bénéfice au taux réduit d'IS à 15 % en augmentant sa rémunération, car celle-ci, ainsi que les charges sociales, diminuent le bénéfice, alors imposé à 15 %.

À l'opposé, il peut privilégier les dividendes pour échapper aux cotisations sociales sur rémunération, qui sont très importantes. L'entrepreneur peut être tenté de limiter sa rémunération afin de privilégier de forts dividendes. Symétriquement, il porte atteinte à sa couverture sociale et au niveau de sa retraite future pour un gain immédiat de trésorerie.

Toutefois, pour un EIRL imposé à l'IS, les dividendes sont soumis aux cotisations sociales, sauf pour la fraction distribuée inférieure à la valeur la plus élevée entre 10 % du patrimoine affecté et 10 % du bénéfice net.

Dans une EIRL, la part de revenus exonérée de cotisations sociales est relativement réduite pour les entreprises qui ne possèdent pas de patrimoine affecté important.

Optimiser le montant disponible après impôts et prélèvements sociaux est délicat compte tenu des multiples paramètres à prendre en compte : la composition du foyer fiscal, les autres revenus d'activité et les revenus du patrimoine, le niveau de la rémunération souhaitée, le niveau de couverture sociale et le niveau de retraite future, les évolutions de la législation, etc.

Modalités de déclaration de l'EIRL à l'IS

Les résultats de l'EIRL à l'IS doivent être déclarés en remplissant une déclaration de résultat dont l'étendue varie selon la taille de l'entreprise. Les régimes de déclaration, appelés régimes d'imposition, varient en fonction du volume de chiffre d'affaires et de la nature de l'activité. Pour l'exercice de création de l'EIRL, la première déclaration (et le paiement de l'impôt correspondant) porte (en l'absence de bilan au cours de l'année de création) sur la période écoulée depuis le début d'activité jusqu'à la clôture du premier exercice ou, au plus tard, jusqu'au 31 décembre de l'année suivant celle de la création.

Les régimes d'imposition dépendent du chiffre d'affaires annuel HT et de la nature d'activité. Vous pouvez toujours opter pour le régime du seuil supérieur.

Les régimes d'imposition et de déclaration de l'EIRL		
Secteur d'activité	**Ventes**	**Prestations de services et professions libérales**
Réel normal	CA annuel HT supérieur à 777 000 €	CA annuel HT supérieur à 234 000 €
Réel simplifié	CA annuel inférieur à 777 000 €	CA annuel inférieur à 234 000 €

L'EIRL à l'IS est exclue du régime micro-entreprise.

EIRL soumise à l'IR : transparence fiscale

Si l'entrepreneur individuel à responsabilité limitée n'opte pas pour l'IS, le bénéfice réalisé est imposé à l'IR au taux progressif de 0 à 41 % dans la catégorie des BIC pour un commerçant, des BNC pour un professionnel libéral et des BA pour un agriculteur. Il est imposé sur l'intégralité des bénéfices réalisés même s'ils ne sont pas distribués.

Dans le cas où l'EIRL dégage des pertes, l'imposition à l'IR permet à l'entrepreneur d'imputer ses pertes sur les autres revenus (salaires, revenus fonciers, etc.) de son foyer fiscal.

Les entrepreneurs au régime micro-entreprise peuvent, sous certaines conditions, opter pour le régime de l'auto-entreprise et bénéficier ainsi d'un prélèvement forfaitaire libératoire d'IR. L'EIRL devient alors AERL (voir encadré «Auto-entrepreneur et EIRL : l'auto-entrepreneur à responsabilité limitée», chapitre 1, p. 23).

Pluriactivité et imposition à l'IR

À partir du 1er janvier 2013, un même entrepreneur pourra constituer plusieurs patrimoines affectés et donc plusieurs EIRL. L'entrepreneur pluriactif pourra isoler chaque activité au sein d'une EIRL avec un patrimoine affecté à chaque EIRL. Avant cette date, l'entrepreneur pluriactif doit exercer ses différentes activités au sein de la même EIRL et appliquer les règles fiscales en matière de revenus accessoires. Si l'EIRL exerce à titre prépondérant une activité industrielle et commerciale (BIC), les bénéfices tirés des activités agricoles (BA) ou libérales (BNC) réalisées à titre accessoire sont imposés dans la catégorie des BIC.

à savoir

Les régimes d'imposition et de déclaration de l'EIRL à l'IR

Comme l'EIRL n'a pas de personnalité distincte de celle du chef d'entreprise (confusion de patrimoine), ses bénéfices ne sont pas imposés au niveau de l'EIRL, mais sont ajoutés aux autres revenus du chef d'entreprise et de sa famille (imposition du foyer fiscal : salaire du conjoint, dividendes de son portefeuille titre, etc.). L'ensemble est imposé à l'IR. Le taux de cet impôt est progressif (de 0 % à 41 %) et prend en compte les charges de famille du contribuable afin d'atténuer la progressivité de l'impôt (c'est le mécanisme du quotient familial).

Si l'EIRL est déficitaire, les déficits viennent s'imputer sur les autres revenus du chef d'entreprise et de sa famille. Ainsi, le déficit de l'EIRL est déduit, par exemple, des salaires du conjoint. Le revenu global est ainsi minoré, ce qui permet de réaliser une économie d'IR. Si les autres revenus ne sont pas suffisants pour éponger le déficit, le reliquat peut être reporté pendant six ans sur les revenus du contribuable.

Les bénéfices réalisés par l'EIRL sont déterminés en suivant des règles fiscales spécifiques. On applique ainsi les règles des :

> BIC si l'entreprise exerce une activité industrielle, artisanale ou commerciale ;

> BNC si l'entreprise exerce une activité libérale (conseil, etc.) ;

> BA si l'entreprise exerce une activité agricole.

Tout comme l'EIRL imposé à l'IS, l'EIRL à l'IR doit déclarer ses résultats selon l'importance des obligations comptables et fiscales qu'impose le régime d'imposition auquel il répond. Les régimes de déclaration, appelés régimes d'imposition, varient en fonction du volume de chiffre d'affaires et de la nature de l'activité. L'EIRL peut toujours opter pour le régime d'un étage du dessus :

> l'entreprise imposée au régime micro-entreprise peut opter pour le réel simplifié ou normal (BIC) ou la déclaration contrôlée (BNC);

> l'entreprise imposée au réel simplifié peut opter pour le réel normal.

Cette option est valable pour le régime d'imposition et la TVA. Elle doit être exercée avant le 1er février de l'année N pour que le régime choisi soit applicable en N. Elle s'applique alors de manière irrévocable pour l'année N et l'année $N + 1$. Elle se reconduit ensuite tacitement.

Activité BIC : l'EIRL exerce une activité industrielle, artisanale ou commerciale		
	Secteur des ventes	**Secteur des prestations de services**
Réel normal	CA annuel HT supérieur à 777 000 €	CA annuel HT supérieur à 234 000 €
Réel simplifié	CA annuel compris entre 81 500 € HT et 777 000 € HT	CA annuel compris entre 32 600 € HT et 234 000 € HT
Micro-entreprise	CA annuel HT ne dépassant pas 81 500 €	CA annuel HT ne dépassant pas 32 600 €
Activité BNC : l'EIRL exerce une activité libérale		
Déclaration contrôlée	CA annuel HT supérieur à 32 600 €	
Micro-entreprise	CA annuel HT ne dépassant pas 32 600 €	

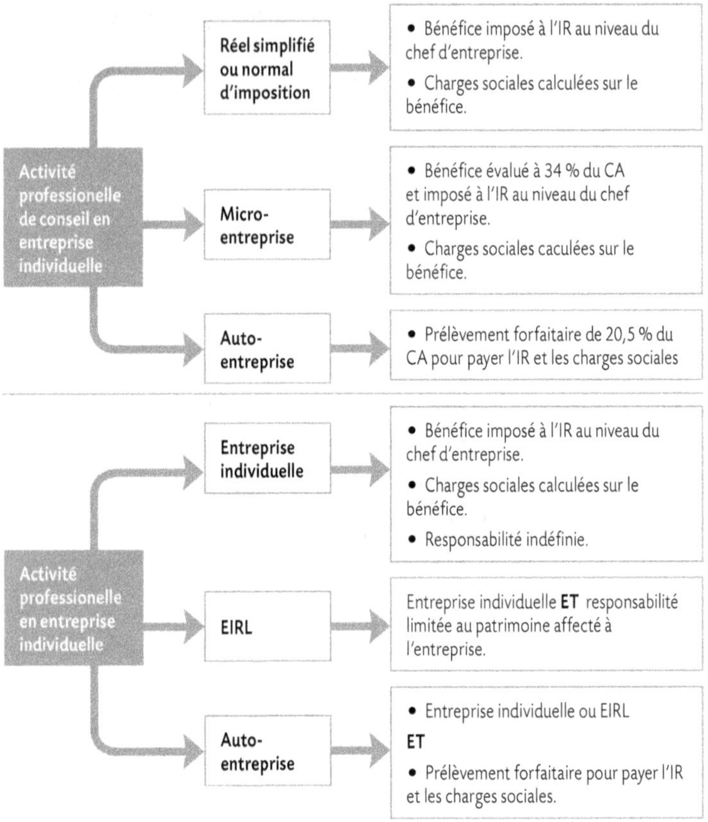

Imposition de l'EIRL au régime des micro-entreprises

Le régime des micro-entreprises est le régime le plus simple. Il s'applique de plein droit aux EIRL dont le chiffre d'affaires ne dépasse pas 81 500 euros pour les ventes ou 32 600 euros pour les prestations de services et les activités libérales.

L'entreprise ne remplit pas de déclaration spéciale de ses bénéfices. Le chef d'entreprise reporte simplement le montant de ses recettes sur sa déclaration de revenus (n° 2042 N). Le bénéfice imposable est alors déterminé directement par l'administration, à partir de ces recettes, en leur appliquant un abattement forfaitaire pour frais professionnels. Il faut cependant joindre la déclaration n° 2042 P afin de permettre le calcul des plus-values de cession.

L'entreprise doit tenir un registre des achats et un livre-journal présentant au jour le jour le détail des recettes. Les factures et les pièces justificatives doivent être conservées en vue d'un éventuel contrôle.

L'entreprise est exonérée de TVA : elle n'a donc ni paiement, ni déclaration à faire. Si l'entreprise opte pour la TVA, elle ne peut plus bénéficier du régime micro-entreprise.

Calcul de l'imposition de l'EIRL pour le régime des micro-entreprises

Le bénéfice imposable est égal aux recettes diminuées d'un abattement forfaitaire pour frais professionnels.

Activité exercée	Industrielle, artisanale ou commerciale		Libérale
Régime d'imposition	Micro-BIC		Micro-BNC
	Ventes	Prestations de services	
CA HT annuel maxi.	81 500 €	32 600 €	32 600 €
Abattement pour frais professionnels	71 % des recettes	50 % des recettes	34 % des recettes
Bénéfice imposable	29 % des recettes	50 % des recettes	66 % des recettes

Calcul de l'imposition d'une EIRL pour le régime des micro-entreprises

M. Déméter développe une activité en indépendant parallèlement à son activité salariée. Durant l'année *N*, il a encaissé 15 000 euros de recettes. Il n'a pas opté pour un régime réel d'imposition. Le bénéfice imposable dépend de la nature de l'activité.

Activité	Vente	Prestation de services	Libérale
Régime d'imposition	Micro-BIC		Micro-BNC
Recettes	15 000 €	15 000 €	15 000 €
Abattement pour frais			
• en %	71 %	50 %	34 %
• en euros	10 650 €	7 500 €	5 100 €
Bénéfice imposable	4 350 €	7 500 €	9 900 €

Imposition pour une AERL

Si le chiffre d'affaires de l'EIRL pour une activité de vente ne dépasse pas 81 500 euros, l'entrepreneur peut opter pour un prélèvement libératoire de l'IR. Ce prélèvement libératoire est de 1 % du chiffre d'affaires du mois précédent pour une activité de ventes. Ce prélèvement libère l'entrepreneur de l'IR : il n'a pas à ajouter le bénéfice de son entreprise individuelle à ses autres revenus pour calculer l'IR. Ce régime de l'auto-entreprise appliqué à une EIRL donne l'AERL.

Sur le plan social, l'entrepreneur individuel relève du régime social des indépendants (RSI). En principe, les cotisations sociales sont calculées sur le bénéfice réel (régime réel simplifié ou réel normal) ou forfaitaire (régime micro-entreprise).

Cependant, si le chiffre d'affaires ne dépasse pas 81 500 euros pour une activité de ventes, l'entrepreneur peut aussi opter pour un prélèvement libératoire des charges sociales. Il est de 12 % du chiffre d'affaires du mois précédent pour une activité de ventes. Ce prélèvement libère l'entrepreneur des charges sociales, qui n'a pas à déclarer son bénéfice au RSI pour calculer les charges sociales exigibles. Ce régime de l'auto-entreprise appliqué à une EIRL donne l'AERL.

Le résultat de l'auto-entreprise est imposé à l'IR au niveau de l'auto-entrepreneur sous la forme d'un prélèvement libératoire (régime micro-fiscal). Un consultant auto-entrepreneur n'a pas besoin d'ajouter le bénéfice de son entreprise à ses autres revenus (salaires, revenus fonciers, etc.) pour déterminer son IR calculé selon un barème progressif (de 0 à 41 %) compte tenu de son quotient familial (nombre de parts, etc.). Un prélèvement forfaitaire de 2,2 % sur son chiffre d'affaires le libère de l'IR.

En tant que travailleur indépendant, l'auto-entrepreneur peut également acquitter ses cotisations sociales sous la forme d'un prélèvement libératoire (régime micro-social). Un consultant auto-entrepreneur n'a pas besoin de déclarer auprès du RSI son revenu imposable pour payer ses cotisations sociales ni de jongler avec les décalages de trésorerie. Un prélèvement forfaitaire de 21,3 % sur son chiffre d'affaires le libère des cotisations sociales. Il valide ainsi des trimestres de retraite.

L'AERL est une petite entreprise individuelle aux règles d'imposition très simples

Elle réalise moins de 81 500 euros (ventes) ou moins de 32 600 euros (prestations de services et conseil) de chiffre d'affaires (limites du régime micro-entreprise).

Elle opte pour un prélèvement libératoire de l'IR et des charges sociales. Ce prélèvement libératoire est calculé sur le chiffre d'affaires du mois précédent.

La responsabilité du chef d'entreprise est limitée aux biens affectés à l'activité professionnelle grâce au patrimoine d'affectation.

L'auto-entrepreneur peut donc, sur option, payer chaque mois, auprès d'un seul interlocuteur l'IR et l'ensemble des charges sociales, sous la forme d'un versement libératoire calculé sur le chiffre d'affaires du mois précédent. Un consultant auto-entrepreneur paiera chaque mois un prélèvement libératoire global de 23,5 % de ses recettes encaissées au cours du mois précédent. S'il n'encaisse rien, il ne paie rien et ne déclare rien ! L'option pour le micro-social est obligatoire pour choisir le prélèvement fiscal libératoire.

**Versement libératoire forfaitaire
pour les charges sociales et/ou l'IR**

	Taux des prélèvements libératoires		
	Vente	**PS**	**Libéral**
Social	12,0 %	21,3 %	18,3 %
Fiscal	1,0 %	1,7 %	2,2 %
	13,0 %	23,0 %	20,5 %

Imposition de l'EIRL selon un régime réel d'imposition

Les modalités d'imposition

Quand l'EIRL est imposée selon un régime réel d'imposition, elle doit déclarer le bénéfice qu'elle a réellement réalisé. À partir de sa comptabilité, l'entreprise détermine le résultat imposable de son activité. Pour cela, elle applique les règles fiscales des :

❯ BIC si l'entreprise exerce une activité industrielle, artisanale ou commerciale ;

❯ BNC si l'entreprise exerce une activité libérale (conseil, etc.) ;

❯ BA si l'entreprise exerce une activité agricole.

Les règles fiscales à appliquer selon l'activité exercée quand l'EIRL est imposée selon un régime réel d'imposition : l'EIRL doit déclarer le bénéfice qu'elle a réellement réalisé à partir de sa comptabilité.

Activité exercée	Industrielle, commerciale ou artisanale	Libérale
Régime d'imposition	BIC	BNC
Régime de déclaration	Réel normal Réel simplifié	Déclaration contrôlée
Comptabilité	Comptabilité d'engagement Le résultat est déterminé : • à partir des produits réalisés (créances acquises) et des charges supportées (dettes certaines) ; • en prenant en compte les amortissements ; • et en constituant d'éventuelles provisions.	Comptabilité de caisse Le résultat est déterminé : • à partir des recettes encaissées et des dépenses décaissées ; • en prenant en compte les amortissements ; • mais sans possibilité de constituer des provisions.
Adhésion à un centre de gestion agréé (CGA) ou à une association de gestion agréée (AGA)	L'adhésion à un CGA évite la majoration de 25 % du bénéfice imposable.	L'adhésion à une AGA évite la majoration de 25 % du bénéfice imposable.
Déclarations à remplir	Imprimé 2031 et ses annexes : • Réel simplifié : 2033 A, B, C, D et E ; • Réel normal : 2050 à 2057 ; 2058 A, B et C ; 2059 A, B et C.	Imprimé 2035 et ses annexes 2035 A et B.
Date limite de dépôt des déclarations	30 avril $N+1$ pour un exercice clos le 31 décembre N	30 avril $N+1$
Plus-values	Régime des plus-values professionnelles.	Régime des plus-values professionnelles.

Du résultat comptable au résultat imposable

L'EIRL doit tenir une comptabilité pour déterminer le résultat comptable qu'elle a réellement réalisé. À partir de là, elle détermine le résultat imposable de son activité et remplit la déclaration fiscale de son résultat. Cette déclaration doit être déposée au plus tard le 30 avril de l'année suivante, quelle que soit la date de clôture de l'exercice.

L'entreprise doit tenir une comptabilité d'engagements : elle comptabilise les produits dès l'émission de la facture de vente et les charges dès réception de la facture d'achat. Cependant, pour le réel simplifié, l'entreprise peut tenir une comptabilité super-simplifiée :

> Elle peut tenir une comptabilité de trésorerie en cours d'exercice (elle enregistre uniquement les produits encaissés et les charges décaissées).

> Et en fin d'exercice, elle enregistre les créances (produits non encaissés) et les dettes (charges non décaissées). Elle n'est pas obligée de procéder à cette régularisation pour les frais généraux répétitifs à échéances régulières dont la périodicité n'excède pas un an (loyers, assurances, cotisations, abonnements, charges sociales, intérêts, etc.). Ces éléments sont donc pris en charge lors de leur paiement, sans régularisations en fin d'exercice.

> Les frais de carburant peuvent être évalués sur une base forfaitaire.

> Des frais accessoires (pourboires, cadeaux, réception, etc.) peuvent être payés en espèces sans justification dans la limite de 1 ‰ du chiffre d'affaires avec un minimum de 150 euros par an.

> Les stocks et les travaux en cours peuvent être évalués selon une méthode forfaitaire.

Le résultat comptable ainsi déterminé n'est pas nécessairement le résultat imposable. En effet, certaines charges comptabilisées ne sont pas entièrement déductibles, alors que des produits comptabilisés ne sont pas imposables ou sont imposés à un taux réduit.

Il faut donc corriger le résultat comptable pour déterminer le résultat fiscalement imposable. Ces corrections sont appelées « corrections extra-comptables », car elles sont effectuées en dehors de la comptabilité sur un imprimé fiscal :

❭ Pour neutraliser les charges qui ne sont pas déductibles, il faut les ajouter au résultat comptable : on dit qu'on procède à une « réintégration extra-comptable ».

❭ Pour neutraliser les produits qui ne sont pas imposables, il faut les retrancher du résultat comptable : on dit qu'on procède à une « déduction extra-comptable ».

Quand l'EIRL exerce une activité libérale, elle est imposée selon le régime de la déclaration contrôlée. En principe, une entreprise libérale doit tenir une comptabilité de caisse : elle comptabilise uniquement les produits encaissés et les charges décaissées.

Cependant, un EIRL doit tenir une comptabilité commerciale, quelle que soit la nature de son activité. Un professionnel libéral en EIRL doit tenir une comptabilité d'engagement (chiffre d'affaires facturé, etc.) et non une comptabilité de caisse (chiffre d'affaires encaissé).

Intérêt pour l'EIRL d'opter pour le régime simplifié d'imposition

L'EIRL imposée au régime micro-entreprise peut opter pour le réel simplifié (BIC) ou la déclaration contrôlée (BNC). Dans bien des cas, l'entreprise a intérêt à opter pour le régime simplifié d'imposition sans attendre le passage de plein droit au régime du réel simplifié ou de la déclaration contrôlée du fait de la progression de son chiffre d'affaires.

Les avantages de l'option pour le réel simplifié sont les suivants :

> possibilité de bénéficier de l'exonération d'imposition des bénéfices en faveur des entreprises nouvelles. À défaut d'opter dans les trois mois du début d'activité pour le régime simplifié d'imposition, l'entreprise nouvelle perd le bénéfice de cette exonération ;

> possibilité de déduire le déficit de l'entreprise individuelle des autres revenus du chef d'entreprise ;

> imposition du bénéfice d'après les résultats réels de l'entreprise. Dans le régime micro-entreprise, le résultat ne prend pas en compte la structure réelle des charges de l'entreprise ;

> le régime simplifié permet à l'entreprise de récupérer la TVA sur ses achats ;

> possibilité de bénéficier des avantages de l'adhésion à un centre de gestion agréé ;

> possibilité de bénéficier d'avantages fiscaux réservés uniquement aux entreprises imposées d'après un régime réel d'imposition : crédit d'impôt recherche, crédit d'impôt pour la formation des salariés, etc ;

> constatation en franchise d'impôt des plus-values acquises, à la date de l'option, par les éléments non amortissables de l'actif immobilisé (fonds de commerce, droit au bail, etc.). Cet avantage est réservé uniquement aux contribuables qui exercent l'option pour la première fois : si l'entreprise individuelle se trouve soumise de plein droit au régime simplifié d'imposition car son chiffre d'affaires annuel a dépassé les limites des micro-entreprises, elle perd le bénéfice de l'exonération des plus-values latentes.

Les obligations de l'option pour le réel simplifié sont les
suivantes :

> la tenue obligatoire d'une comptabilité ;
> une déclaration annuelle du résultat et ses annexes.

Un régime réel permet d'optimiser l'imputation des déficits

Le déficit d'un EIRL soumis à un régime réel d'imposition est imputé, sans limitation,
sur les autres revenus du foyer fiscal de l'exploitant réalisés pendant l'année. Si
ce revenu global n'est pas suffisant, l'excédent est reporté, jusqu'à épuisement,
sur le revenu global des six années suivantes. Au-delà, la fraction non imputée est
perdue. Le déficit professionnel permet donc de diminuer l'IR dû par l'exploitant.
En revanche, une entreprise soumise au régime de la micro-entreprise ne peut pas
dégager de déficit imputable. Elle est toujours bénéficiaire. Il est alors conseillé
d'opter pour un régime réel d'imposition.

Adhésion à un CGA ou à une AGA

Un EIRL peut adhérer à :

> un CGA s'il exerce une activité industrielle, commer-
ciale ou artisanale (BIC) ;
> une AGA s'il exerce une activité libérale (BNC).
L'adhésion à un CGA permet à l'administration fiscale de
mieux connaître les revenus du travailleur indépendant.
En contrepartie, il bénéficie d'avantages essentiellement
fiscaux.

L'EIRL, comme tout exploitant individuel soumis à l'IR
membre d'un CGA ou d'une AGA, bénéficie de l'avantage
principal : l'absence de majoration de 25 % de ses revenus
d'activité retenus pour le calcul de l'impôt.

Si le régime fiscal de l'EIRL est l'IS, l'adhésion lui permet de
bénéficier, comme pour les adhérents soumis à l'IR, d'un

délai de reprise de l'administration en matière d'IR et de TVA réduit à deux ans. Cet avantage lié à l'adhésion à un organisme agréé est étendu à toutes les EURL soumises à l'IS dont l'associé unique est une personne physique.

Avantages et obligations de l'adhésion à un CGA ou à une AGA

	Avantages
Pas de majoration de 25 % du bénéfice imposable	Le bénéfice réel, déclaré dans les délais légaux, n'est pas majoré de 25 %.
Délai de reprise limité à deux ans en cas de contrôle fiscal	Que le régime fiscal de l'EIRL soit l'IS ou l'IR, l'adhésion permet de bénéficier d'un délai de reprise de l'administration en matière d'IR et de TVA réduit à deux ans. En cas de contrôle fiscal, l'administration ne peut contrôler que les deux dernières années, au lieu de trois années.
Meilleure déductibilité du salaire du conjoint de l'exploitant	Le salaire du conjoint de l'exploitant est entièrement déductible s'ils sont mariés sous un régime de séparation de biens ou si l'entreprise adhère à un CGA. Le salaire du conjoint est déductible dans la limite de 13 800 euros lorsque les époux sont mariés sous un régime de communauté et que l'exploitant n'adhère pas à un CGA.
Réduction d'impôt pour frais de comptabilité et d'adhésion	Lorsqu'une entreprise, soumise normalement au régime des micro-entreprises, opte pour un régime réel (BIC) ou pour la déclaration contrôlée (BNC), les frais d'adhésion au centre et de tenue de comptabilité sont déduits de l'IR du chef d'entreprise dans la limite de 915 euros par an.
Régularisation de la situation fiscale antérieure sans pénalité	Dans les trois mois de l'adhésion, les déclarations antérieures erronées peuvent être régularisées sans pénalité (sauf manœuvres frauduleuses), et sous réserve de payer le supplément d'impôt dans le délai imparti.

Avantages et obligations de l'adhésion à un CGA ou à une AGA	
Formation	Les centres organisent des réunions, des séminaires de formation et diffusent des informations pour améliorer les connaissances économiques, comptables et fiscales des adhérents.
Comptabilité	Le CGA fournit à l'adhérent, dans les six mois de la clôture de l'exercice, un dossier de gestion (ratios divers, tableau de financement, commentaires sur la situation économique et financière, etc.). Le CGA peut tenir la comptabilité de ses adhérents dont le chiffre d'affaires n'excède pas les limites du réel simplifié.
	Obligations
L'adhérent doit s'engager à...	• tenir une comptabilité sincère de l'exploitation ; • communiquer au CGA le bilan, le compte de résultat et les annexes ; • accepter les règlements par chèques et en informer la clientèle dans la correspondance et dans les locaux professionnels ; • payer un droit d'entrée et une cotisation annuelle.

Avantages de l'adhésion à un CGA

M. Déméter exerce une activité de vente de matériel informatique d'occasion dans le cadre d'une EIRL. Son chiffre d'affaires pour *N* est de 65 000 euros. Ses charges sont de 45 000 euros, dont 20 800 euros de salaire versés à son conjoint qui travaille à temps partiel dans l'entreprise et 1 000 euros de frais de tenue de comptabilité. Ils sont mariés sans contrat. Le taux moyen d'imposition du couple est de 20 %. Déterminons le bénéfice imposable selon que M. Déméter adhère ou non à un CGA.

	Adhésion à un CGA	
	Non	Oui
Produits	65 000	65 000
Charges	− 45 000	− 45 000
Résultat comptable	20 000	20 000
Réintégration de charges non déductibles		
Frais de comptabilité et de CGA		915
Salaire du conjoint non déductible	7 000	
	27 000	20 915
IR	5 400	4 183
Réduction d'IR		− 915
Impôt à payer	5 400	3 262
Économie d'impôt		2 138 €
Pour un coût d'adhésion de		180 €
Économie globale		1 958 €

Prélèvements personnels excessifs de l'entrepreneur

Dans ce cas, l'EIRL ne peut pas déduire toutes les charges financières de son résultat imposable.

Le compte de l'exploitant correspond au capital de l'EIRL, c'est-à-dire aux apports de l'exploitant au début ou en cours d'activité, diminué des prélèvements personnels de l'exploitant et augmenté du bénéfice de l'entreprise à la clôture de l'exercice (diminué, s'il s'agit d'une perte).

À la suite des prélèvements effectués par le chef d'entreprise, le solde du compte de l'exploitant peut devenir débiteur (prélèvements supérieurs aux apports et aux bénéfices). L'administration fiscale considère alors que les charges financières de l'entreprise individuelle sont supportées dans l'intérêt du chef d'entreprise, et non dans celui de l'entreprise. Il en résulte que les charges financières ne sont pas intégralement déductibles du résultat imposable.

Cette situation n'existe pas dans l'EIRL imposée à l'IS : même si le paiement de la rémunération du dirigeant salarié entraîne un découvert bancaire, les agios bancaires sont entièrement déductibles du résultat de la société, ainsi que la rémunération, à condition qu'elle ne soit pas excessive.

Les charges financières à prendre en considération sont les intérêts sur emprunts, les agios sur découverts, à l'exception des frais d'escompte des effets de commerce. Les frais financiers inclus dans les redevances de crédit-bail ne sont pas à prendre en compte.

Compte de l'exploitant débiteur et intérêts non déductibles

Le montant moyen des emprunts et des découverts d'une EIRL pour l'exercice N s'élève à 28 000 €. Les charges financières correspondantes ont été comptabilisées pour 2 000 €.

Évolution du compte de l'exploitant en euros	Montants	Solde
Solde au 1er janvier N	10 000	1 000
Prélèvement le 31 mars N	1 000	− 9 000
Apport le 30 juin N	4 000	− 8 000
Affectation du déficit le 31 décembre N		− 12 000

Le montant des intérêts non déductibles à réintégrer est calculé comme suit :

$$\text{Fraction non déductible des charges financières} = \text{Charges financières} \times \frac{\text{Solde débiteur moyen annuel du compte de l'exploitant}}{\text{Montant moyen des emprunts et des découverts}}$$

Nous obtenons :

Charges financières (1)	2 000
Solde débiteur moyen annuel du compte de l'exploitant (2) + 1 000 × 3 − 9 000 × 3 − 8 000 × 6) / 12 mois	6 000
Montant moyen des emprunts et des découverts (3)	28 000
Intérêts non déductibles à réintégrer (1) × (2) / (3)	428

Par simplification, le solde du compte de l'exploitant à retenir pour apprécier la déductibilité des frais financiers est un solde moyen annuel obtenu en divisant l'exercice en autant de périodes qu'il y a d'apports et de prélèvements effectués. Cependant, il n'est pas tenu compte des déficits de l'entreprise. Le solde débiteur retenu doit être imputable uniquement aux prélèvements de l'exploitant. Dans le cas de déficits, le montant moyen annuel des prélèvements et apports de l'exploitant se substitue au solde débiteur moyen annuel du compte de l'exploitant.

Calcul et paiement de l'IR de l'entrepreneur individuel exerçant en EIRL

Pour établir sa déclaration de revenus, l'entrepreneur déclare l'ensemble des revenus de son foyer fiscal, y compris :

> le bénéfice ou le déficit de son EIRL à l'IR ;

> ou les dividendes et les rémunérations de son EIRL à l'IS.

La somme de ces revenus est imposée à l'IR dont le taux est progressif (de 0 à 41 %). Cet impôt est calculé en prenant en compte les charges de famille du contribuable afin d'atténuer la progressivité de l'impôt (c'est le mécanisme du quotient familial).

Le chef d'entreprise déclare les différents revenus (salaires, dividendes, locations, etc.) gagnés par sa famille. Sa famille constitue le foyer fiscal qui comprend le chef d'entreprise, son conjoint marié ou pacsé et les enfants à charge. Il additionne ainsi les revenus positifs (salaires, dividendes, etc.) et déduit les revenus négatifs (le déficit BIC de l'EIRL à l'IR, etc.). Cependant, certains revenus négatifs ne sont pas imputables sur les revenus positifs afin d'éviter une trop grande économie d'impôt pour le contribuable (les déficits BIC non professionnels, les déficits fonciers au-delà de 10 700 euros ne sont pas imputables sur le revenu global).

Le mécanisme du quotient familial permet d'atténuer la progressivité de l'impôt en fonction des charges de famille. En principe, l'impôt calculé pour une part de quotient familial est multiplié par le nombre de parts pour obtenir l'impôt total du foyer fiscal. En pratique, l'impôt est calculé directement par application du barème. Cependant, pour limiter le gain d'impôt obtenu par les contribuables à fort revenu, les effets du quotient familial sont plafonnés.

Les revenus catégoriels de l'entrepreneur	
Le chef d'entreprise doit déclarer les différents revenus de son foyer fiscal.	
Les revenus catégoriels	**Commentaires**
BIC – BNC – BA	L'entrepreneur déclare les bénéfices dégagés par son EIRL à l'IR dans la catégorie des BIC, des BNC ou des BA selon la nature de son activité.
BIC et BNC non professionnels	Une activité commerciale ou libérale est considérée comme non professionnelle si le contribuable ne « met pas la main à la pâte », c'est-à-dire s'il ne participe pas réellement à la gestion. Il s'agit souvent de montages de défiscalisation dans le cadre de la gestion de son patrimoine (loueur en meublé non professionnel ou LMNP).

Les revenus catégoriels de l'entrepreneur
Le chef d'entreprise doit déclarer les différents revenus
de son foyer fiscal.

Salaires et pensions	Les salaires sont les revenus encaissés par les salariés (y compris le gérant minoritaire ou égalitaire de SARL, le P-DG de SA) et les représentants de commerce. Les pensions comprennent les pensions alimentaires, les retraites et les rentes viagères. La rémunération de l'entrepreneur de l'EIRL à l'IR est assimilée à un salaire sur le plan fiscal (art. 62 du CGI). Elle est minorée des charges sociales obligatoires et facultatives, puis d'un abattement de 10 % pour frais professionnels.
Revenus fonciers	Lorsqu'un particulier donne en location un immeuble dont il est propriétaire ou usufruitier, les loyers qu'il perçoit directement ou par l'intermédiaire d'une SCI sont imposables dans la catégorie des revenus fonciers.
Revenus mobiliers	Les revenus mobiliers sont : • les intérêts des créances (obligations, dépôts en banque, comptes-courants d'associés, etc.) ; • les dividendes distribués par l'EIRL à l'IS, les sociétés soumises à l'IS.
Plus-values des particuliers	Si vous vendez un immeuble ou des parts de SCI, le profit que vous réalisez est imposé à 31,3 % en tant que plus-value immobilière avec un abattement de 10 % par année de détention au-delà de la cinquième année Si vous vendez des actions ou des parts sociales, le profit que vous réalisez est imposé au taux de 31,3 % (19 % d'impôt + 12,3 % de cotisations sociales) en tant que plus-value mobilière.

EIRL et maintien des régimes de faveur

L'exploitant individuel qui bénéficie du régime d'exonération des entreprises nouvelles devrait pouvoir continuer à en bénéficier dans le cadre de l'EIRL. En effet, l'exploitation continue dans la personne de l'entrepreneur, sans création de personne morale nouvelle. De même, le régime d'exonération dont bénéficie l'exploitant individuel à raison de ses activités professionnelles implantées dans une zone franche urbaine devrait continuer à s'appliquer dans le cadre de l'EIRL.

Le choix de l'EIRL ne devrait pas remettre en cause les crédits ou réductions d'impôt dont bénéficie l'entrepreneur individuel si l'activité au titre de laquelle ces avantages ont été obtenus continue d'être exercée dans le cadre de l'EIRL et que les investissements professionnels ayant ouvert droit à certains crédits d'impôt restent la propriété de l'entrepreneur et sont inscrits au patrimoine d'affectation.

Contrôle fiscal de l'EIRL

Le délai de contrôle (délai de reprise) de l'administration fiscale est réduit de trois à deux ans pour les revenus imposables à l'IS et la TVA des entrepreneurs individuels à responsabilité limitée lorsqu'ils adhèrent à un CGA ou une AGA. Le délai de reprise reste en revanche fixé à trois ans pour les contribuables pour lesquels des pénalités autres que des intérêts de retard ont été appliquées.

De même, pour les revenus imposables à l'IR selon le régime réel et la TVA de l'entrepreneur individuel, le délai de reprise de l'administration est ramené de trois à deux ans lorsque l'entrepreneur, pour la période considérée, adhère à un CGA ou une AGA. Cette mesure s'applique également à l'EIRL à l'IR. La réduction du délai de reprise ne s'applique pas en cas de manquements délibérés pour les périodes d'imposition non prescrites.

Gestion fiscale de la TVA

Les opérations réalisées par une EIRL sont imposables à la TVA, car elle a la qualité d'assujetti à la TVA. Cet impôt est une taxe totalement neutre pour l'entreprise, car seul le consommateur final la supporte :

> l'entreprise reverse au Trésor la TVA qu'elle encaisse sur ses ventes ;

> elle récupère auprès du Trésor la TVA qu'elle paie sur ses achats.

La récupération s'opère par imputation. L'entreprise fait la soustraction entre la taxe exigible (la TVA sur les ventes) et la taxe déductible (la TVA sur les achats) au titre de chaque mois ou de chaque trimestre :

> si le solde est positif, le montant en est versé au Trésor ;

> si le solde est négatif, il constitue un crédit de TVA qui est reportable sur la TVA des mois suivants jusqu'à épuisement sans limitation de délai. L'entreprise peut en demander le remboursement total ou partiel.

Quand la TVA sur une vente est exigible, elle doit être reversée au Trésor public. Symétriquement, la TVA supportée par le client peut alors être récupérée. L'exigibilité de la TVA dépend de la nature de l'opération.

Le régime d'imposition à la TVA applicable à l'entreprise dépend de son chiffre d'affaires et de son secteur d'activité comme en matière d'imposition des bénéfices.

L'exigibilité de la TVA dépend de la nature de l'opération

Nature des opérations réalisées	Date d'exigibilité
Vente de marchandises	Livraison du bien. Par simplification, on retient la date de livraison du bien.
Prestations de services et travaux immobiliers	Encaissement du prix ou des acomptes. Facturation si option pour le paiement de la TVA « d'après les débits ».

Faut-il opter pour les débits ?

Quand la TVA est « payée d'après les débits », la date d'exigibilité n'est pas l'encaissement, mais la facturation. Ainsi, quand l'entreprise vend un service, la TVA collectée sur la vente est exigible quand la facture est émise et non au moment de l'encaissement. L'autorisation de paiement de la TVA d'après les débits doit obligatoirement être mentionnée sur toutes les factures. En cas d'avances ou d'acomptes, la TVA redevient exigible sur les encaissements : l'entreprise doit alors payer la TVA sur le montant de l'acompte même si l'entreprise a opté pour le paiement d'après les débits. L'autorisation de payer la TVA d'après les débits facilite la gestion des entreprises qui réalisent des ventes et des prestations de services, car toute la TVA est exigible au moment de la facturation quelle que soit la nature de l'opération réalisée. En revanche, elle n'optimise pas la gestion de trésorerie, car le paiement de la TVA intervient beaucoup plus rapidement. L'intérêt de l'option pour les débits se traduit essentiellement pour le client par la possibilité de déduire le montant de la TVA (par exemple une entreprise également assujettie redevable de la TVA), car l'exigibilité de la TVA collectée ouvre le droit à déduction de cette même TVA pour celui qui s'en acquitte. Autrement dit, plus vite la TVA qui doit être payée par celui qui facture la TVA devient exigible, plus vite elle devient déductible pour le client.

La TVA européenne

La réception ou l'envoi de marchandises à un client installé dans un autre État membre européen est soumis à un régime fiscal particulier qui se caractérise notamment par l'exonération des ventes intracommunautaires et l'imposition des acquisitions intracommunautaires. Lorsqu'une entreprise française envoie des marchandises à un client installé dans un autre État européen, elle réalise une « livraison intracommunautaire » qui n'est pas soumise à la TVA en France, à condition que l'entreprise cliente soit elle aussi soumise à la TVA dans son pays et que le fournisseur français justifie que les biens vendus ont effectivement quitté la France. *A contrario*, l'arrivée en France de marchandises provenant d'un autre pays européen constitue une « acquisition intracommunautaire ». Exonérée dans le pays de départ, elle est soumise en France à la TVA (au taux de 19,60 % ou 5,50 % selon les biens). La taxe est due par le client français. Il doit la verser à son centre des impôts au plus tard le 15 du mois suivant celui de la livraison. Les factures correspondant à des ventes en Europe doivent comporter les mentions générales habituelles, le numéro d'identification intracommunautaire à la TVA et la mention « exonération de TVA, article 262 ter-I du CGI ». Tous les mois, une déclaration récapitulative appelée « déclaration d'échanges des biens » (DEB) doit être envoyée en cas de livraison intracommunautaire et dès lors que le seuil de 150 000 euros est dépassé pour les acquisitions intracommunautaires. Les prestations de services suivent un autre régime.

Les régimes d'imposition à la TVA de l'EIRL

Les régimes d'imposition dépendent du chiffre d'affaires annuel HT et du secteur d'activité. Vous pouvez toujours opter pour le régime du seuil supérieur. Pas de régime auto-entrepreneur et micro-entreprise pour l'EIRL à l'IS !

Secteur d'activité	Ventes	Prestations de services et professions libérales
Réel normal	CA annuel HT supérieur à 777 000 €	CA annuel HT supérieur à 234 000 €
Réel simplifié	CA annuel inférieur à 777 000 €	CA annuel inférieur à 234 000 €
Micro-entreprise pour l'EIRL à l'IR	CA annuel HT ne dépassant pas 81 500 €	CA annuel HT ne dépassant pas 32 600 €

Déclaration et paiement de la TVA

Les modalités de déclaration et de paiement de la TVA varient selon que l'EIRL relève du régime du réel normal ou du réel simplifié.

Régime du réel normal
L'entreprise doit adresser tous les mois à l'administration une déclaration CA 3 détaillant la TVA encaissée au cours du mois écoulé, ainsi que la TVA déductible :   • si le solde est positif, l'entreprise acquitte aussitôt la TVA nette dont elle est redevable ;   • si le solde est négatif, elle dégage un crédit reportable les mois suivants.

Régime du réel simplifié

L'entreprise calcule la TVA qu'elle doit pour l'année N uniquement au début de l'année $N + 1$. Cependant, au cours de l'année N elle paie quatre acomptes de TVA calculés sur la TVA due au titre de l'année $N - 1$. Si les acomptes payés en N sont insuffisants par rapport à la TVA due au titre de N, elle paie le complément.

1. Paiement d'acomptes trimestriels

Durant l'année N, l'entreprise paie quatre acomptes trimestriels calculés sur la TVA due au titre de l'année $N - 1$ avant déduction de la TVA sur immobilisations selon l'échéancier suivant :

Date d'exigibilité	Avril	Juillet	Octobre	Décembre
En % de la base	25 %	25 %	25 %	20 %

2. Déclaration annuelle de la TVA

Au début de l'année $N + 1$, l'entreprise déclare la TVA collectée et la TVA déductible de l'année N sur un imprimé CA 12 à adresser à l'administration au plus tard le 30 avril $N + 1$. L'entreprise compare alors la TVA due au titre de N et les acomptes provisionnels qu'elle a payés en N. En cas d'insuffisance, le solde est payé au Trésor. L'excédent éventuel constitue un crédit reportable.

Le régime du micro-BIC pour l'EIRL à l'IR

L'entreprise est exonérée de TVA : elle n'a donc ni paiement ni déclaration à faire. Ses factures doivent comporter la mention suivante : « TVA non applicable ; art. 293-B-I du CGI. » Elle peut opter pour le réel simplifié afin de pouvoir récupérer la TVA qui lui est facturée.

Quel statut social ?

L'entrepreneur individuel à responsabilité limitée a le même régime social que l'exploitant d'une entreprise individuelle classique : le régime des TNS.

Régime social : à qui s'adresser ?

Comme pour l'entrepreneur individuel, l'EIRL dépend du RSI.

Les modalités d'application de ce régime varient selon que les résultats de l'exploitation sont soumis à l'IR ou à l'IS.

EIRL à l'IR

L'entrepreneur individuel à responsabilité limitée qui n'a pas opté pour l'IS est redevable des cotisations sociales dans les mêmes conditions que les autres entrepreneurs individuels. Tout le bénéfice de l'EIRL est soumis à cotisations sociales. Le cas échéant, la cotisation minimale d'assurance-maladie s'applique.

L'EIRL peut aussi opter, si les conditions sont remplies, pour le versement forfaitaire libératoire, dit « micro-social simplifié » de l'auto-entreprise. L'EIRL s'assimile à une AERL.

EIRL à l'IS

Si l'entrepreneur individuel a soumis son entreprise à l'IS, les cotisations sociales sont assises sur sa rémunération, ainsi que sur une fraction de ses dividendes.

Cotisations sociales calculées sur la rémunération imposable de l'entrepreneur individuel

La rémunération de l'entrepreneur individuel est assimilée à un salaire sur le plan fiscal (CGI, art. 62). Elle est minorée des charges sociales obligatoires et facultatives, puis d'un abattement de 10 % pour frais professionnels. Ce revenu imposable sert de base au calcul des cotisations sociales. Le cas échéant, les cotisations sociales facultatives des contrats « Loi Madelin » sont réintégrées à cette base.

Cotisations sociales calculées sur une fraction des dividendes

Dans le cadre des sociétés soumises à l'IS, les dividendes distribués sont soumis aux contributions sociales (prélevées à la source à un taux global de 12,3 %), mais échappent aux cotisations sociales. Afin d'éviter les effets d'une recherche d'optimisation excessive, les *dividendes* distribués par l'EIRL à l'IS sont soumis à cotisations sociales. Le dispositif s'inspire de celui appliqué aux sociétés d'exercice libéral.

La base de calcul des cotisations est constituée de la rémunération nette de l'entrepreneur, majoré de la part des dividendes dépassant 10 % du montant le plus élevé entre, d'une part, le capital affecté évalué à la clôture de l'exercice et, d'autre part, le bénéfice net.

Les bénéfices distribués sont donc soumis à cotisations sociales pour la part des bénéfices excédant :

> 10 % de la valeur des biens du patrimoine affecté constaté en fin d'exercice ;

> ou 10 % du montant du bénéfice net si ce dernier est supérieur.

Dispositif « anti-abus »

Une procédure spécifique est mise en place pour garantir le recouvrement des cotisations sociales. En cas de fraude, l'entrepreneur est responsable du paiement des cotisations sociales sur la totalité de son patrimoine.

Ainsi, lorsque, dans l'exercice de son activité professionnelle, l'entrepreneur individuel à responsabilité limitée a, par des manœuvres frauduleuses ou à la suite de l'inobservation grave et répétée des prescriptions de la législation de la Sécurité sociale, rendu impossible le recouvrement des cotisations sociales et des pénalités et majorations afférentes dont il est redevable au titre de cette activité, le recouvrement de ces sommes peut être recherché sur la totalité de ses biens et droits dès lors que le tribunal compétent a constaté la réalité de ces agissements. Cette disposition permet de faire échec, sous le contrôle du juge, au principe d'affectation du patrimoine de l'entrepreneur individuel à responsabilité limitée (voir plus haut l'encadré «...sous réserve du dispositif anti-abus»).

EIRL exerçant une activité agricole

L'exploitant agricole qui adopte le statut d'EIRL est qualifié d'«entrepreneur individuel agricole à responsabilité limitée» (EIARL). Quand un exploitant agricole, y compris l'exploitant assujetti à la cotisation de solidarité, choisit d'exercer son activité sous la forme d'une entreprise individuelle à responsabilité limitée, les cotisations sociales sont calculées sur :

> la rémunération de l'exploitant pour l'EIRL à l'IS ;
> le bénéfice de l'EIRL pour l'EIRL à l'IR.

Après le principe du patrimoine d'affectation, le statut d'EIRL innove avec la possibilité désormais offerte à l'entrepreneur individuel de choisir entre une imposition de résultat à l'IR ou à l'IS. C'est une innovation majeure dans la mesure où la seule voie possible pour un entrepreneur était de créer une société afin de bénéficier d'une imposition à l'IS. Cette nouvelle fiscalité ne modifie pas les obligations fiscales de l'entrepreneur. Celles-ci dépendent directement du régime d'imposition et indirectement du montant du chiffre d'affaires. Les régimes d'imposition diffèrent selon l'activité. Enfin, le statut social de l'EIRL reste étroitement lié au mode d'imposition choisi (IR ou IS).

☞ L'imposition à l'IR

C'est le mode d'imposition des entrepreneurs individuels « classiques ». L'IR est calculé sur la base de l'ensemble des revenus du foyer fiscal pour former le revenu net global imposable. Pour l'exploitant individuel, les revenus professionnels viennent s'additionner aux autres. On les distingue entre BIC pour les commerçants et artisans, BNC pour les professions libérales et BA pour les exploitants agricoles. L'IR est un impôt progressif calculé en fonction de tranches. Plus le revenu global est élevé, plus l'imposition est importante. En 2011, les taux d'imposition s'échelonnent entre 0 et 41 %. L'IR présente plusieurs avantages, parmi lesquels la possibilité de déduire un déficit des autres revenus et de bénéficier des régimes « micro » d'imposition. Ces avantages s'accompagnent d'inconvénients tels que la progressivité de l'impôt dissuasif en cas de revenus élevés et l'absence de déduction de la rémunération de l'entrepreneur du résultat.

☞ L'imposition à l'IS

C'est la grande innovation fiscale apportée par le régime de l'EIRL : la faculté d'opter pour l'IS sans pour autant créer de société. L'EIRL déduit du résultat le montant de sa rémunération. Le bénéfice est imposé au taux de 15 % jusqu'à 38 120 euros. Néanmoins, cette option est irrévocable et fait obstacle au bénéfice des régimes « micro » d'imposition. Il est donc indispensable de bien mesurer les avantages et les inconvénients de l'option pour l'IS au regard de la situation professionnelle, mais aussi personnelle de l'EIRL.

☞ Les obligations comptables et fiscales

L'EIRL doit veiller à respecter les obligations comptables et fiscales qui lui incombent selon la nature de son activité, mais aussi selon son régime d'imposition. Quelle que soit sa situation, l'entrepreneur a intérêt à être accompagné d'un centre ou d'une association de gestion agréée (CGA ou AGA) pour lui faciliter ses démarches et ne pas être fiscalement pénalisé.

☞ Les cotisations sociales

Les cotisations sociales sont calculées en fonction d'une base qui diffère selon que le résultat de l'EIRL est imposé à l'IR ou à l'IS.

Chapitre 6

Le patrimoine de l'EIRL

L'EIRL est-il réellement protégé contre les aléas de la vie de l'entreprise ? À n'en pas douter, l'évolution est réelle et significative entre la situation de l'entrepreneur individuel « classique » et l'EIRL. La mise en œuvre d'un patrimoine d'affectation scinde le patrimoine de l'entrepreneur entre sa partie personnelle et sa partie professionnelle. Est-ce alors suffisant ? On peut répondre par l'affirmative. Néanmoins, le principe du patrimoine affecté ne doit pas écarter le recours à d'autres mesures afin d'organiser au mieux le patrimoine de l'exploitant. Cet objectif doit rester d'actualité alors que les difficultés financières susceptibles de naître peuvent également avoir une origine personnelle.

Quelle responsabilité pour l'EIRL ?

L'innovation majeure de la loi relative à l'EIRL réside dans la transposition à l'entreprise individuelle du principe de la responsabilité limitée des associés de sociétés à forme commerciale à l'égard des créanciers sociaux.

Une fois la déclaration d'affectation effectuée, le patrimoine affecté devient, à l'exclusion de tout autre bien du chef d'entreprise, le seul gage des créanciers professionnels auxquels cette déclaration est opposable. La responsabilité de l'entrepreneur est ainsi limitée à l'actif affecté.

Les autres créanciers ont pour seul gage général le patrimoine «non affecté»; en cas d'insuffisance de ce patrimoine, les bénéfices professionnels du dernier exercice clos peuvent continuer à leur servir de gage.

Grâce à la déclaration d'affectation, l'entrepreneur individuel assure la protection de ses biens personnels contre les risques inhérents aux difficultés professionnelles. De plus, des difficultés d'ordre personnel ne peuvent pas avoir pour conséquence la disparition de l'outil de travail, souvent la seule source de revenu, pour rémunérer les créanciers privés. La remise en cause définitive du principe d'unicité du patrimoine consacrée par la loi permet ainsi de créer une imperméabilité entre le patrimoine privé et le patrimoine professionnel.

En cas de fraude, l'entrepreneur redevient responsable sur la totalité de ses biens

La règle de l'affectation peut être écartée en cas de fraude aux créanciers ou de manquements graves aux obligations comptables ou aux règles concernant la composition du patrimoine affecté. Dans ces hypothèses, l'entrepreneur redevient responsable sur la totalité de ses biens.

Cette disposition générale est complétée par des dispositions propres aux créances détenues par les organismes de Sécurité sociale.

Le principe d'affectation est supprimé pour les créanciers fiscaux en cas de fraude. En cas de fraude fiscale, l'administration fiscale peut recouvrer les impôts professionnels sur le patrimoine privé, et les impôts personnels sur le patrimoine professionnel affecté.

Ainsi, lorsque dans l'exercice de son activité professionnelle, l'entrepreneur individuel à responsabilité limitée a, par des manœuvres frauduleuses ou à la suite de l'inobservation grave et répétée de ses obligations fiscales, rendu impossible le recouvrement des impositions professionnelles (impositions et pénalités dont il est redevable au titre de son activité), le recouvrement de ces sommes peut être recherché sur le patrimoine non affecté à cette activité dès lors que le tribunal compétent a constaté la réalité de ces agissements.

De manière symétrique, lorsque l'entrepreneur individuel a adopté le même type de comportement rendant impossible le recouvrement des impositions privées (impositions et pénalités étrangères à son activité professionnelle), le

EIRL et fisc

La fraude est le talon d'Achille de l'EIRL. En matière de fiscalité, elle peut prendre différentes formes. Il ne suffit pas de ne pas s'acquitter de son impôt pour « frauder ». Le système fiscal français repose sur le principe déclaratif. Le civisme fiscal débute par l'observation des obligations fiscales. Selon le régime d'imposition de l'EIRL (voir le chapitre 5), les obligations sont plus ou moins étendues.

recouvrement de ces créances fiscales peut être recherché sur le patrimoine affecté.

Il s'agit pour le législateur de ne pas laisser la moindre opportunité aux fraudeurs d'organiser leur insolvabilité tant sur le plan professionnel que privé.

Dispositifs actuels de protection de l'exploitant individuel

La création du statut d'EIRL va dans le sens d'une protection accrue du patrimoine personnel de l'entrepreneur. En effet, le principal avantage de l'EIRL est d'apporter une protection aux biens personnels de l'entrepreneur contre les risques de défaillance liés à l'exercice de son activité professionnelle, grâce au patrimoine d'affectation.

Le statut de l'EIRL, en rompant avec le principe d'unicité du patrimoine, garantit la protection des biens personnels de l'entrepreneur contre toute faillite professionnelle. C'est un avantage incontestable par rapport à la responsabilité illimitée de l'exploitant d'une entreprise individuelle.

Dans l'entreprise individuelle classique, le principe d'unicité du patrimoine de l'exploitant permet aux créanciers de toute nature d'engager des poursuites à l'encontre de l'exploitant sur l'intégralité de son patrimoine. Ainsi, les biens personnels peuvent être saisis pour régler les dettes professionnelles et les biens professionnels peuvent être saisis pour régler des dettes d'origine privée.

La responsabilité individuelle de l'exploitant individuel est illimitée tant sur le plan des fautes commises dans l'exercice de son activité qu'à l'égard de ses créanciers professionnels pour les dettes qu'il a contractées.

Les assurances responsabilité civile permettent cependant de couvrir les risques liés aux fautes professionnelles. En revanche, les risques liés à la défaillance de l'entreprise sont à assumer pleinement par l'exploitant, c'est-à-dire sur l'ensemble de son patrimoine.

Cependant, l'entrepreneur individuel dispose de moyens pour protéger ses biens personnels contre les créanciers professionnels :

> le choix du régime matrimonial ;
> l'aménagement du PACS ;
> la déclaration d'insaisissabilité ;
> la hiérarchie des dettes professionnelles ;
> les contrats d'assurance-vie.

Le régime matrimonial

Pour les entrepreneurs individuels mariés et en l'absence de contrat de mariage, ce sont les règles du régime de la communauté réduite aux acquêts qui s'appliquent.

Le principe d'unicité du patrimoine de l'entrepreneur expose les biens de la communauté des époux à la saisie des créanciers. Le risque de saisie peut venir :

> de l'activité professionnelle : les créanciers de l'entreprise saisissent des biens privés pour se rémunérer ;
> et des dettes contractées à titre personnel : les créanciers personnels saisissent des biens professionnels pour se rémunérer.

L'outil de travail de l'entrepreneur est donc susceptible de rentrer dans le gage général des créanciers du couple. Le risque le plus important reste la défaillance de l'entreprise individuelle susceptible de ruiner le couple. Il est donc essentiel de restreindre le plus possible le patrimoine saisissable.

Le choix du régime de la séparation de biens s'impose dans de nombreuses situations, car il n'existe alors aucun bien commun entre les époux. Ainsi, les biens personnels du conjoint sont protégés contre toute poursuite des créanciers de l'entreprise individuelle. Cependant, la séparation du patrimoine des conjoints sera sans effet à l'égard du créancier qui aura obtenu que le conjoint de l'exploitant se porte caution solidaire des dettes contractées par son époux, même dans le cadre de son activité professionnelle.

Par ailleurs, lorsqu'il existe des biens indivis, les créanciers de l'entreprise ne peuvent s'en saisir, mais peuvent en exiger le partage afin d'agir sur les droits revenant à l'exploitant.

Changer de régime matrimonial

La consultation d'un notaire s'avère souvent indispensable afin d'évaluer l'adéquation entre son régime matrimonial et la situation personnelle et professionnelle du couple. Les époux disposent, le cas échéant, de la faculté de changer de régime. Ce changement a d'ailleurs été récemment facilité. Sous réserve d'être marié depuis au moins deux ans, les époux peuvent opter pour un autre régime matrimonial que celui sous lequel ils se sont unis. Le recours à un notaire est alors indispensable. Il faut noter toutefois que ce changement peut présenter quelques obstacles en présence d'enfants mineurs et selon le régime pour lequel les époux souhaitent opter.

L'aménagement du PACS

Les exploitants qui vivent en couple et qui ont choisi d'organiser leur vie dans le cadre d'un pacte civil de solidarité doivent distinguer selon que le PACS a été conclu avant ou après le 1er janvier 2007.

En effet, le PACS organise actuellement la vie du couple sur le modèle de la séparation de biens. D'un côté, les biens de l'exploitant, de l'autre ceux de son ou sa partenaire. Il en est autrement pour les PACS conclus avant le 31 décembre 2006. Pour ceux-là, le régime de l'indivision prévaut pour l'ensemble des biens acquis pendant le PACS. C'est notamment la situation des exploitants qui auront créé leur entreprise ou ceux qui choisiront de se lancer.

Il est alors opportun de s'adresser à son notaire afin de clarifier la situation et entreprendre, selon la situation du couple, les mesures nécessaires, et notamment de convenir, entre les partenaires de PACS, d'une convention modificative.

La déclaration d'insaisissabilité

L'exploitant individuel a la possibilité de rendre insaisissable sa résidence principale dont il est propriétaire à l'égard de ses créanciers professionnels. De plus, cette faculté est désormais élargie à tous les biens fonciers bâtis ou non bâtis dès lors qu'ils ne sont pas affectés à l'usage professionnel (résidence secondaire, immeuble de rapport, terrains).

La déclaration d'insaisissabilité est opposable aux créances professionnelles nées postérieurement. Il est donc impératif de ne pas attendre les premières difficultés au plan professionnel pour procéder à la déclaration d'insaisissabilité. En revanche, la déclaration n'est pas opposable aux créances personnelles.

La déclaration d'insaisissabilité ne fait pas obstacle à la possibilité pour l'entrepreneur de vendre tout ou partie du patrimoine qui fait l'objet de la déclaration. Si un immeuble déclaré insaisissable est vendu, le prix de vente devient saisissable au bout d'un an sauf s'il est employé dans ce délai à l'achat d'une résidence principale. Si le remploi du prix de cession d'un immeuble ne concerne pas une résidence principale, l'insaisissabilité tombe, le prix de vente devient alors saisissable, et le droit de gage des créanciers professionnels s'élargit d'autant.

L'exploitant peut aménager sa déclaration d'insaisissabilité à tout moment en renonçant à l'insaisissabilité sur certains biens ou à l'égard de certains créanciers. Ainsi, afin d'obtenir un financement de sa banque, l'exploitant risque de renoncer à l'insaisissabilité afin de donner en garantie un immeuble déclaré initialement insaisissable.

Par ailleurs, les créanciers de l'exploitant individuel peuvent contourner l'insaisissabilité lorsque l'exploitant individuel est marié :

❯ Lorsque le régime matrimonial est la communauté et que l'immeuble est commun, les créanciers professionnels peuvent poursuivre en demande de paiement, non pas les droits de l'exploitant qui sont protégés par la déclaration, mais ceux de son conjoint lorsqu'il s'est porté caution ou codébiteur.

❯ Lorsque le régime matrimonial est la séparation de biens et que l'immeuble est indivis, les créanciers professionnels peuvent contourner l'insaisissabilité en exigeant le partage des droits des époux et la vente aux enchères des droits détenus par le conjoint de l'exploitant.

Cette déclaration d'insaisissabilité, ainsi que les modifications susceptibles d'intervenir sur les biens visés, sont réalisées devant notaire. Son coût reste modique.

Efficacité de la déclaration d'insaisissabilité

La déclaration d'insaisissabilité des biens fonciers est une mesure efficace pour protéger l'essentiel du patrimoine privé de l'exploitant. Cependant, elle ne peut produire ses effets qu'à condition que le bien ne soit pas commun et que le conjoint ne se soit pas porté caution solidaire. De plus, elle n'a d'intérêt que si l'entrepreneur peut se passer de financement ou est en mesure d'apporter à ses prêteurs d'autres garanties suffisantes, ce qui est rarement le cas.

Néanmoins, ce dispositif manque de souplesse pour l'entrepreneur dont le patrimoine évoluerait régulièrement (changement de résidence principale, constitution rapide d'un patrimoine immobilier de rapport, etc.). Ces formalités n'entament pas pour autant le réel attrait de ce dispositif dans de nombreuses situations.

Ordre de priorité sur le paiement des dettes professionnelles

Dans le cadre d'une procédure d'exécution forcée, un ordre de priorité dans le droit de gage des créanciers professionnels s'applique. En effet, l'exploitant peut demander à ce que les biens nécessaires à l'activité professionnelle constituent en premier lieu la garantie de paiement de ses dettes professionnelles.

Cependant, le créancier peut s'opposer à cette demande s'il prouve qu'elle est de nature à compromettre le recouvrement de sa créance. De plus, si la valeur des biens professionnels ne permet pas de couvrir la totalité de la dette de l'exploitant, la procédure d'exécution se poursuit sur les biens personnels.

Les contrats d'assurance-vie

Les contrats d'assurance-vie sont surtout connus en tant que placement. Largement proposé par les établissements bancaires et les compagnies d'assurance, ce type de contrat répond à un principe particulier : la stipulation pour autrui. En souscrivant un contrat d'assurance-vie, un souscripteur, qui est également, le plus souvent, l'assuré confie des fonds à la compagnie auprès de laquelle il a souscrit le contrat. Le souscripteur-assuré détient alors une créance sur la compagnie. Or, contrairement à des fonds disponibles sur un compte d'épargne, les fonds deviennent la propriété de la compagnie d'assurance. La créance détenue par le souscripteur-assuré n'est que la contrepartie de la dette de la compagnie d'assurance envers celui-ci. Du fait de sa nature, les fonds placés sur un contrat d'assurance-vie ne sont pas saisissables, car ils appartiennent à la compagnie.

La protection du patrimoine personnel de l'entrepreneur apportée par l'EIRL est-elle efficace ?

L'affectation du patrimoine dans l'EIRL permet de séparer juridiquement le patrimoine personnel du patrimoine professionnel. Les défaillances rencontrées dans la gestion d'un patrimoine n'ont donc pas de conséquence pour l'autre patrimoine.

Le patrimoine affecté offre-t-il une protection fiable si l'EIRL procède à une déclaration de patrimoine affecté selon les règles légales, suit les évaluations faites par les professionnels et gère son entreprise « en bon père de famille » ? L'imperméabilité des deux patrimoines s'avère effectivement efficace, y compris lorsque l'entrepreneur cesse son activité ou qu'il vient à décéder.

Inopposabilité du patrimoine affecté pour non-respect du formalisme

La constitution d'un patrimoine affecté obéit à un formalisme strict dont le non-respect pourrait remettre en cause le niveau de protection du patrimoine affecté.

en pratique

Rappel : le formalisme de la constitution du patrimoine affecté de l'EIRL

Il faut :

» Faire évaluer et constater par un notaire l'affectation d'un bien immobilier.

» Faire évaluer par un expert-comptable, un commissaire aux comptes ou une AGC les biens affectés au patrimoine professionnel lorsque leur valeur est supérieure à 30 000 euros. À défaut du respect de ce formalisme, la responsabilité de l'entrepreneur est illimitée pendant cinq ans.

» Obtenir par écrit l'accord exprès du coïndivisaire ou du conjoint pour l'affectation de tout bien indivis ou commun après les avoir informés sur les droits de gage des créanciers.

L'affectation du patrimoine n'est pas opposable aux créanciers antérieurs

La responsabilité limitée de l'entrepreneur ne concerne, en principe, que les créanciers dont les droits sont nés postérieurement à la déclaration d'affectation de l'EIRL. Cependant, la déclaration d'affectation du patrimoine peut stipuler qu'elle produit ses effets à l'égard des créances nées antérieurement à la déclaration d'affectation. Ce sera, la plupart du temps, le cas des exploitants déjà installés qui font le choix du statut d'EIRL.

Toutefois, les créanciers concernés pourront s'y opposer grâce à un droit d'opposition. Ce droit est exercé devant la juridiction compétente. Il appartient alors au juge d'apprécier la situation de la créance née avant la déclaration d'affectation. Cette action peut se traduire par l'obligation imposée à l'EIRL de rembourser la créance ou de constituer des garanties suffisantes s'il en a la capacité. Quoi qu'il en soit, la contestation d'un créancier ne peut remettre en cause la déclaration d'affectation.

Responsabilité illimitée de l'entrepreneur en cas de fraude et manquement grave à certaines règles

La responsabilité de l'entrepreneur sera engagée sur l'intégralité de son patrimoine en cas de fraude avérée, d'inobservation des obligations comptables, fiscales et sociales, mais également en cas de manquements graves aux règles suivantes :

❭ La composition du patrimoine affecté porte obligatoirement sur les biens directement nécessaires à l'activité professionnelle et, au choix de l'entrepreneur, sur les biens utiles (biens mixtes) dans le cadre de l'activité professionnelle. Chaque bien ne peut faire partie que d'un seul patrimoine (affecté ou personnel) (voir chapitre 2).

❭ L'EIRL doit ouvrir un compte bancaire dédié à son activité professionnelle (voir chapitre 4).

❭ L'EIRL doit tenir une comptabilité autonome selon les modalités retenues pour les commerçants. Toutefois, des mesures simplifiées sont prévues pour les micro-entreprises (voir chapitre 4).

Porosité du patrimoine affecté si le patrimoine non affecté est insuffisant

Si le patrimoine privé (le patrimoine non affecté) est insuffisant pour couvrir les dettes personnelles de l'exploitant, les créanciers privés concernés peuvent se saisir du bénéfice du dernier exercice clos de l'EIRL. L'imperméabilité des deux patrimoines est donc remise en cause, mais partiellement.

Gage des créanciers en cas de cessation d'activité ou de décès de l'entrepreneur

En cas de cessation d'activité de l'EIRL ou de décès de l'entrepreneur, la déclaration d'affectation continue de produire ses effets à l'égard des créanciers professionnels tout en n'élargissant pas le droit de gage des créanciers personnels. La situation des créanciers est donc gelée.

Les procédures collectives dans le cadre du traitement des entreprises en difficulté

Dans le cadre d'une procédure de sauvegarde, de liquidation ou de redressement, la séparation des patrimoines privé et professionnel est respectée afin de garantir le régime protecteur à l'EIRL. Contrairement à la procédure concernant une personne physique, il n'est pas fait masse des biens privés et professionnels.

Cependant, la faute de gestion risque d'être recherchée dans toutes les actions collectives et la limitation de responsabilité ainsi que le gage que propose l'EIRL seront remis en cause. Les salariés de l'EIRL pourraient ainsi engager une procédure d'exécution sur le patrimoine privé car le seul patrimoine affecté risque d'être trop réduit.

Ce risque ne signifie pas un recul par rapport à la situation de l'exploitant individuel « classique ».

Tout candidat au statut d'EIRL a à cœur d'inscrire son activité professionnelle dans un cadre qui limite les conséquences d'éventuelles difficultés économiques. Le statut de l'EIRL et son principe de patrimoine d'affectation permettent assurément de faire un pas significatif dans cette direction. Il ne faut pas pour autant délaisser les mesures déjà prises, qui complètent idéalement ce nouveau statut. L'objectif, dans l'organisation du patrimoine de l'EIRL, reste de protéger tout en ajustant les mesures juridiques de protection à la situation personnelle et professionnelle de l'EIRL. Les solutions d'hier restent d'actualité.

Prévenir une éventuelle remise en cause du patrimoine affecté

La loi portant sur l'EIRL fixe les limites entre le patrimoine personnel et le patrimoine professionnel (dit affecté) de l'EIRL. Les avantages offerts par ce statut sont sans commune mesure avec la situation très exposée de l'exploitant individuel «classique». En contrepartie, il appartient à l'EIRL de respecter un certain nombre de règles, au risque de voir remis en cause les effets du patrimoine d'affectation. Il y a les règles de fond, comme le respect des obligations fiscales (déclarer et payer) et comptables (fidélité et sincérité des comptes). Les informations fiscales et comptables qui doivent être communiquées par l'EIRL sont, en grande partie, fonction du régime d'imposition duquel il dépend. Puis viennent les règles de forme (qui méritent autant d'attention que les précédentes), avec principalement l'ouverture d'un compte bancaire dédié.

Compléter les avantages de l'EIRL

Le statut d'EIRL apporte une réponse concrète aux entrepreneurs individuels à la recherche d'un cadre protecteur. Pour autant, ce nouveau statut ne se substitue pas à d'autres moyens jusqu'à présent employés en vue de prévenir, au plan patrimonial, les conséquences de mauvaises affaires. Parmi les mesures adéquates, soulignons tout d'abord l'organisation de la vie du couple de l'entrepreneur selon qu'il est marié ou pacsé : choix du régime. On peut également compter sur la déclaration d'insaisissabilité destinée à éloigner les biens immobiliers privés des créanciers.

Chapitre 7

EIRL : et après?

Si le choix pour le statut d'EIRL est une chose, les perspectives qu'offre cette forme d'exploitation en sont une autre. Qu'il s'agisse d'envisager de poursuivre son activité en société ou de céder son affaire, l'EIRL devra compter sur les spécificités de son statut en la matière. Il ne faut pas non plus ignorer les cas de transmission en cas de décès de l'EIRL et ses conséquences sur sa succession et ses héritiers. Enfin, la situation de l'EIRL qui souhaite cesser son activité comme le cas de celui qui rencontre des difficultés sont abordés.

La transmission de l'activité de l'EIRL

Sort du patrimoine affecté

L'EIRL peut céder, donner ou apporter en société tout ou partie des biens constituant le patrimoine affecté. Même la cession de tous les biens composant le patrimoine affecté ne signifie pas la liquidation de l'entreprise dès lors que l'activité est effectivement poursuivie. Le patrimoine affecté se reconstituera au gré des investissements nouveaux.

Lorsque le transfert correspond à une cession ou une donation, avec continuation de l'activité, à une personne physique, le patrimoine affecté continue d'exister. La cession doit être déclarée et faire l'objet d'une publicité sous peine d'inopposabilité aux tiers.

Lorsque l'entrepreneur vient à décéder et qu'un héritier lui succède, celui-ci doit se manifester dans les trois mois, puis devra effectuer une déclaration de reprise du patrimoine affecté.

Si le patrimoine affecté est transféré à une société, il fait partie intégrante du patrimoine de la société. Le patrimoine cesse d'exister en tant que tel et entraîne la cessation de l'entreprise. La cession fait l'objet d'un avis dans un journal d'annonces légales.

Extinction du patrimoine affecté

La déclaration d'affectation cesse de produire effet en cas de renonciation de l'entrepreneur à l'affectation ou de son décès, sauf si un héritier ou un ayant droit manifeste son intention de poursuivre l'activité professionnelle à laquelle le patrimoine était affecté et en fait porter la mention au registre auquel la déclaration d'affectation constitutive a été déposée dans les trois mois à compter de la date du décès.

Les créanciers professionnels auxquels la déclaration d'affectation est opposable conserveront pour seul droit de gage général celui qui était le leur au jour du décès de l'entrepreneur ou de la renonciation par celui-ci à l'affectation lorsqu'elle intervient concomitamment à la cessation de l'activité professionnelle à laquelle le patrimoine est affecté.

La renonciation au patrimoine affecté ou le décès de l'entrepreneur doit être mentionné par l'entrepreneur (ou un héritier, un ayant droit ou toute personne mandatée à cet effet) au registre auquel la déclaration d'affectation constitutive a été déposée.

Quel que soit son régime fiscal, la liquidation de l'EIRL, notamment en cas de renonciation au patrimoine d'affectation, entraîne les conséquences de la cessation fiscale (art. 1655 sexies nouveau du CGI). La liquidation donne donc lieu à l'imposition immédiate de tous les bénéfices non encore imposés, y compris les plus-values latentes, les plus-values en sursis ou en report d'imposition.

Selon l'administration, la création d'une EIRL par un entrepreneur individuel déjà en activité imposable selon un régime réel d'imposition constitue un apport, et les plus-values dégagées à cette occasion pourraient bénéficier du régime de report d'imposition. Ces plus-values en report seraient alors taxables immédiatement lors de la liquidation de l'EIRL.

Transmission du patrimoine affecté

L'entrepreneur peut librement disposer des éléments composant le patrimoine affecté. L'intégralité du patrimoine affecté peut être librement transmise à titre gratuit (donner) ou onéreux (vendre).

La cession à titre onéreux (vente, apport en société, etc.) ou la transmission à titre gratuit entre vifs (donation) à une personne physique de la totalité du patrimoine affecté entraîne reprise de ce patrimoine avec maintien de l'affectation dans le patrimoine de l'acquéreur ou du donataire. Le cédant ou le donateur doit déposer une déclaration de transfert au registre de dépôt de la déclaration constitutive. La cession ou la transmission doit faire l'objet d'une déclaration de transfert au registre auquel a été effectué le dépôt de la déclaration d'affectation. À défaut, la cession ou la transmission sera inopposable aux tiers.

La cession ou l'apport à une personne morale entraîne transfert de propriété dans le patrimoine de la personne morale, sans maintien de l'affectation, et donne lieu à un avis au BODACC (Bulletin officiel des annonces civiles et commerciales). À défaut d'avis, le transfert de propriété est imposable au tiers.

Le cessionnaire, le donataire ou le bénéficiaire de l'apport de l'ensemble du patrimoine affecté sont débiteurs des créanciers de l'entrepreneur individuel en lieu et place de celui-ci.

Cependant, les créanciers de l'entrepreneur dont les droits seront nés à l'occasion de l'exercice de l'activité de celui-ci après le dépôt de la déclaration d'affectation mais avant la publication de la cession ou de l'apport en société, pourront former opposition en justice à la transmission du patrimoine affecté dans un délai fixé par voie réglementaire. Il en est de même pour les créanciers auxquels la déclaration n'est pas opposable et dont les droits sont nés avant le dépôt de la déclaration de transfert en cas de transmission à titre gratuit entre vifs.

Cette opposition n'interdit pas la transmission du patrimoine affecté. Lorsque l'opposition est jugée recevable, le tribunal peut ordonner le remboursement des créances, ou la constitution de garanties, au cas où le cessionnaire ou le donataire en offre et si elles sont jugées suffisantes. À défaut, la transmission du patrimoine affecté est inopposable aux créanciers ayant formé opposition.

La cessation
de l'activité de l'EIRL

L'EIRL peut également, pour plusieurs motifs (changement d'activité, impossibilité de transmettre), décider de cesser son exploitation. Cette décision doit se traduire par l'inscription d'une mention à la déclaration d'affectation au lieu où celle-ci a été déposée. L'ex-EIRL renonce alors aux effets du patrimoine affecté. En conséquence, celui-ci assume l'ensemble des dettes qu'il a contractées sur l'ensemble de son patrimoine.

Le traitement
des difficultés de l'EIRL

L'EIRL est visé par les dispositions relatives au traitement des difficultés des entreprises. Il peut ainsi être concerné par une procédure collective. Il s'agit en grande majorité des cas de redressement ou de liquidation judiciaire. Dans l'un comme dans l'autre cas, c'est la cessation des paiements du patrimoine affecté qui joue le rôle de fait générateur.

en pratique

La cessation des paiements

La cessation des paiements est caractérisée lorsque l'actif disponible du patrimoine d'affectation est insuffisant pour faire face au passif exigible. Autrement dit, l'EIRL ne peut plus régler ses dettes, soit parce que sa trésorerie ne le lui permet pas, soit parce qu'il ne dispose pas des concours bancaires suffisants.

L'EIRL en redressement judiciaire

En cas de cessation des paiements, l'EIRL doit en informer le tribunal de commerce s'il est commerçant ou artisan, ou le tribunal de grande instance s'il est exploitant agricole ou libéral. Lorsque les conditions sont réunies, le tribunal prononce l'ouverture de la procédure et désigne ce que l'on nomme les organes de la procédure (juge-commissaire, mandataire judiciaire, administrateur judiciaire). Le jugement d'ouverture de la procédure judiciaire entraîne l'ouverture d'une période d'observation de six mois renouvelable, au cours de laquelle la gestion de l'entreprise est encadrée en fonction de l'étendue des missions attribuées à l'administrateur. L'issue de la procédure peut se traduire par l'adoption d'un plan de redressement ou par la liquidation.

L'EIRL en liquidation judiciaire

Entre protection du patrimoine personnel et risque de confusion des patrimoines

L'EIRL dont le patrimoine affecté fait l'objet d'une procédure collective (redressement ou liquidation) ne voit pas son patrimoine personnel engagé en vue de rembourser ses créanciers professionnels. On apprécie alors tout l'intérêt du statut et les effets du principe du patrimoine affecté. Il faut pour autant souligner la situation de l'EIRL qui n'aurait pas respecté certaines des règles indispensables, comme l'ouverture d'un compte bancaire dédié. Plus largement, en cas de prononciation de confusion des patrimoines entre patrimoine privé et patrimoine affecté, l'EIRL devra répondre de ses dettes professionnelles sur l'ensemble de son patrimoine.

C'est le cas de l'EIRL en situation de cessation des paiements et dont le redressement judiciaire est impossible. La procédure de liquidation peut être prononcée directement ou à l'issue de la procédure de redressement. L'entrepreneur ne gère plus l'entreprise. Un liquidateur est désigné en vue de « réaliser » l'actif du patrimoine affecté, c'est-à-dire vendre tout ou partie des éléments formant l'actif du patrimoine affecté dans le but de rembourser les créanciers professionnels.

L'essentiel

Le statut d'EIRL, à la fois protecteur et innovant, ne doit pas faire oublier à l'exploitant individuel les événements qui peuvent intervenir à court, moyen ou long terme.

La cessation de l'activité

C'est sans doute la situation la moins rencontrée : soit parce qu'elle procède de beaucoup d'anticipation face au déclin de l'activité, soit parce qu'elle est décidée faute de repreneur. La cession de l'activité par l'EIRL passe alors par sa renonciation au patrimoine affecté.

La transmission

Transmettre son activité à un repreneur ne signifie pas la fin du patrimoine affecté dès lors que ce dernier procède à la formalité de la déclaration de transfert. Le repreneur (donataire ou cessionnaire) se substitue au précédent EIRL (donateur ou cédant). Les créanciers professionnels disposent toutefois d'un droit d'opposition. Cette action est soumise à l'appréciation du juge, qui décide éventuellement d'imposer le remboursement de la dette détenue par le créancier ou la constitution de garantie. À défaut, la transmission du patrimoine affecté est compromise.

Les procédures collectives

Qu'il s'agisse d'un redressement ou d'une liquidation, la procédure collective est synonyme de cessation des paiements. Elle est cantonnée au patrimoine affecté. Le jugement de redressement judiciaire ouvre une période d'observation renouvelable. À son issue, selon la situation de l'EIRL, un plan de redressement est décidé ou à défaut de perspectives, le redressement tombe en liquidation. La liquidation judiciaire du fait des difficultés de l'EIRL dans l'exercice de son activité ne produit d'effet que sur le patrimoine affecté et protège ainsi le patrimoine personnel des conséquences de la liquidation.

Chapitre 8

Le statut de l'EIRL face aux autres formes d'exploitation

Les caractéristiques du nouveau statut d'EIRL ont été développées dans les précédents chapitres. Le lecteur en dispose désormais d'une présentation détaillée. Il faut alors relativiser les avancées concrétisées par ce statut au regard des formes d'exploitation existantes. L'exercice, auquel doit s'astreindre tout entrepreneur, a pour objectif de déterminer la forme d'exploitation la plus appropriée. Cette décision permet également de la comparer à l'état de la situation personnelle de l'entrepreneur, ainsi qu'aux motivations et ambitions qui l'animent.

La concurrence de l'EURL

L'entreprise unipersonnelle à responsabilité limitée (EURL) est une SARL qui permet à un entrepreneur d'exercer seul son activité tout en adoptant une forme sociétaire ayant la personnalité morale. D'autres formes de société peuvent également se constituer avec un seul associé : la SASU (société par actions simplifiée), les sociétés d'exercice libéral sous forme de d'EURL et de SASU, l'EARL.

L'EURL, comme l'EIRL, peut choisir son régime d'imposition entre IR et IS. Pourtant, l'EURL est boudée, car la forme sociétaire constitue un frein majeur à son adoption.

La société : un patrimoine distinct

Lorsqu'il est à la tête d'une société, l'entrepreneur n'est pas propriétaire des éléments inscrits à l'actif : c'est la société, même si celle-ci ne compte qu'un seul et unique associé. En contrepartie, l'entrepreneur détient des parts sociales ou des actions (selon la forme de la société) de ladite société. C'est là l'une des conséquences de la création d'une personne (morale) qu'est la société.

Le statut de l'EIRL permet de concilier le besoin de protection attendu par l'entrepreneur avec la nécessaire garantie exigée par les créanciers tout en conservant la simplicité de fonctionnement de l'entreprise individuelle.

La constitution d'un patrimoine affecté à l'activité professionnelle sans création d'une personne morale nouvelle permet de rapprocher les modalités d'exercice de l'entreprise individuelle de celles des sociétés.

Personnalité morale de l'EURL et patrimoine d'affectation de l'EIRL limitent la responsabilité de l'entrepreneur

Une EURL est une personne morale qui dispose d'un patrimoine propre. Lors de la constitution de l'EURL, l'associé unique apporte des biens (liquidités, fonds commercial, etc.) et reçoit en contrepartie des parts sociales. La propriété des biens apportés est transférée du patrimoine de l'associé au patrimoine de l'EURL.

Il existe donc un véritable écran entre le patrimoine de l'EURL et celui de son associé unique. La responsabilité de l'associé, en cas de difficultés menant à la liquidation de la société, est, en principe, limitée au montant de son apport.

L'EIRL n'a pas de personnalité morale distincte de l'entrepreneur, mais offre à son exploitant une responsabilité limitée à son patrimoine affecté à titre professionnel. En revanche, la personnalité de l'entreprise individuelle classique est confondue avec celle de son exploitant.

Grande similitude dans la constitution

Statuts pour l'EURL et déclaration d'affectation pour l'EIRL

Pour la rédaction des statuts, sauf décision contraire de l'associé unique, les statuts types de l'EURL s'appliquent. Dans le cadre de l'EIRL, il n'existe pas de statuts, mais une déclaration d'affectation à déposer, selon la nature de l'activité exercée, au RCS, au greffe du tribunal de commerce ou au tribunal de grande instance.

Capital de l'EURL et patrimoine affecté de l'EIRL

Il n'existe pas de montant minimum pour le capital de l'EURL. L'associé unique est donc libre de fixer le montant du capital en fonction du risque qu'il souhaite prendre.

L'EIRL dispose d'un patrimoine affecté qui s'apparente à un capital dont la procédure de constitution est similaire à celle de l'EURL. Dans les deux cas, le capital pour l'EURL et le patrimoine affecté pour l'EIRL peuvent être de très faible valeur.

Les apports en nature à l'EURL doivent être évalués par un commissaire aux apports désigné par l'associé unique de l'EURL. Pour l'EIRL, il y a également obligation de désigner un professionnel pour l'évaluation des apports pour la constitution du patrimoine affecté. Cependant, la désignation reste facultative lorsque la valeur de chaque élément apporté en nature est inférieure à 30 000 euros et que la valeur de l'ensemble des apports en nature est inférieure à la moitié du capital.

De plus, l'associé unique de l'EURL ou l'entrepreneur de l'EIRL n'est pas tenu par l'évaluation du commissaire aux apports. Si la valeur d'apport stipulée dans l'acte est supérieure à l'évaluation faite par le commissaire aux apports, l'associé unique est responsable sur ses biens personnels pendant cinq ans à hauteur de la différence ainsi constatée.

Le formalisme peut s'avérer même plus lourd pour l'EIRL si le patrimoine affecté est déclaré opposable aux créanciers antérieurs à la déclaration.

Règles de fonctionnement différentes

Les règles de fonctionnement de l'EURL, même lorsque le gérant et l'associé ne font qu'un, sont plus contraignantes que dans le cadre de l'EIRL. En revanche, l'EIRL ne bénéficie pas d'avantages spécifiques à l'EURL. Cependant, EURL et EIRL présentent beaucoup de similitudes de fonctionnement.

Des règles de fonctionnement plus simples pour l'EIRL

> L'entrepreneur n'a pas de registre de décision à tenir.

> L'entrepreneur ne relève pas du régime des conventions.

> L'EIRL à l'IS n'a pas de réserve légale à doter ni de contraintes liées à l'amortissement des frais de constitution ou de recherche et développement de nature à l'empêcher de distribuer l'intégralité des dividendes.

> L'EIRL n'a pas l'obligation de libérer un capital afin de bénéficier du taux réduit d'IS.

> L'EIRL n'encourt pas le risque de dissolution du fait d'une insuffisance de fonds propres.

> L'entrepreneur, demeurant propriétaire de ses biens, reste libre de leur affectation ou désaffectation au patrimoine professionnel, alors que les biens apportés à l'EURL lui appartiennent.

Et bien entendu, ce qui reste au quotidien le plus simple à faire a le plus souvent un coût moindre.

L'EIRL ne bénéficie pas d'avantages spécifiques à l'EURL

> L'EURL peut se transformer facilement en SARL. La transformation en société de l'EIRL est lourde, car elle entraîne la dissolution et les conséquences fiscales de la cessation d'activité.

> La transmission de l'EIRL ne peut être fractionnée, contrairement à l'EURL, dont les parts peuvent être cédées en plusieurs fois (l'EURL devient alors une SARL).

❯ Les avances faites ou les sommes laissées par l'entrepreneur dans une EIRL ne peuvent pas être rémunérées. Dans une EURL, les comptes-courants peuvent être rémunérés.

❯ À défaut de capital, les apports en numéraire constituant le patrimoine affecté de l'EIRL n'ouvrent pas droit au crédit d'impôt PME de 25 % comme dans l'EURL.

❯ L'exonération des plus-values, qu'elle soit partielle ou totale, pour le dirigeant d'une EURL à l'occasion de la cession des parts sociales qu'il détient depuis plus de cinq ans ne s'applique pas dans l'EIRL.

Des similitudes entre l'EURL et l'EIRL

❯ L'EIRL et l'EURL ont les mêmes obligations comptables et de publicité des comptes annuels.

❯ L'EIRL et l'EURL ont la même contrainte de mentionner sur tous les documents qu'elles émettent leur dénomination, et la formule ou le sigle rappelant leur forme juridique d'entreprise à responsabilité limitée.

❯ La fraude et les manquements graves aux obligations comptables, fiscales et sociales sont sanctionnés de la même manière par la perte de la responsabilité limitée de l'entrepreneur.

❯ L'abus de bien social peut être reproché à un dirigeant d'EURL, mais pas à un exploitant individuel du fait de la confusion de patrimoine. Cependant, l'exploitant de l'EIRL risque de perdre sa responsabilité limitée s'il utilise des biens ou des fonds de nature professionnelle pour des besoins d'ordre privé.

Régime fiscal identique pour l'EURL et l'EIRL

L'EIRL est assimilée à une EURL, sauf pour les entreprises individuelles bénéficiant du régime micro-entreprise. La liquidation de l'EIRL est ainsi traitée de la même manière que celle de l'EURL.

Des prélèvements sociaux plus élevés pour l'EIRL

	EURL	EIRL
Rémunération	La rémunération du gérant de l'EURL est soumise aux cotisations sociales et aux contributions sociales, en tant que revenu d'activité.	La rémunération du dirigeant de l'EIRL et les dividendes dépassant 10 % du bénéfice net ou de la valeur du patrimoine affecté sont soumis aux cotisations sociales et contributions sociales, en tant que revenus d'activité.
Dividendes	Les dividendes distribués constituent des revenus du patrimoine soumis uniquement aux contributions sociales (CSG et CRDS).	Les dividendes inférieurs à 10 % du bénéfice net ou de la valeur du patrimoine affecté, sont qualifiés de revenus du patrimoine et donc soumis uniquement aux contributions sociales (CSG et CRDS).

EIRL ou EURL pour réduire les cotisations sociales ?

Les cotisations sociales sont plus lourdes pour l'EIRL, car la base des cotisations est élargie du montant d'une partie des dividendes. Pour une profession médicale, le choix de l'exercice en EIRL ou SELARL (société d'exercice libérale à responsabilité limitée) unipersonnelle est totalement neutre sur le plan des prélèvements sociaux. En revanche, les artisans, les commerçants, les professionnels libéraux tels que les experts-comptables ou les architectes, ont tout intérêt à choisir l'EURL pour réduire leurs prélèvements sociaux.

La disposition d'anti-optimisation inspirée des sociétés d'exercice libéral rend les cotisations sociales plus lourdes pour l'EIRL, car la base est élargie du montant d'une partie des dividendes.

Comparatif entre l'EIRL, l'entreprise individuelle, l'EURL et la SASU

Le fonctionnement de la SASU et de l'EURL est plus lourd que celui de l'entreprise individuelle ou de l'EIRL, mais la SASU et l'EURL sont plus adaptées pour financer et transmettre l'entreprise. Comme dans la SASU et l'EURL, la responsabilité de l'entrepreneur est limitée dans l'EIRL, mais peut être remise en cause. Comme pour l'EURL, l'option pour l'IS est possible dans l'EIRL. La SASU permet à l'entrepreneur de bénéficier du régime social des salariés, alors que l'entrepreneur de l'EIRL et de l'EURL a le statut social de travailleur indépendant.

	Entreprise individuelle	EIRL	SASU	EURL
Responsabilité du dirigeant	Le chef d'entreprise est indéfiniment responsable des dettes de l'entreprise sur ses biens personnels.	La responsabilité de l'entrepreneur est limitée au patrimoine affecté à l'entreprise.	La responsabilité de l'associé unique est limitée au montant du capital.	
Imposition des bénéfices	Le bénéfice dégagé par l'entreprise est soumis à l'IR au niveau de l'entrepreneur dans la catégorie BIC.	À l'IR : le bénéfice dégagé par l'EIRL est soumis à l'IR au niveau de l'entrepreneur dans la catégorie BIC. À l'IS : le bénéfice est soumis à l'IS au niveau de l'EIRL à 15 %.	Le bénéfice est soumis à l'IS au niveau de la SASU.	Le bénéfice est soumis à l'IR au niveau du gérant dans la catégorie des BIC. L'EURL peut opter pour l'IS.
Régime fiscal et social du dirigeant	L'entrepreneur individuel a le statut social de travailleur indépendant. Sa rémunération est constituée par le bénéfice dégagé par son entreprise.	L'entrepreneur a le statut de travailleur indépendant. À l'IR : le bénéfice dégagé par l'EIRL est imposé à l'IR et aux cotisations sociales. À l'IS : seule la rémunération est imposée à l'IR comme un salaire et est soumise à cotisations sociales.	Le président a le statut fiscal et social de salarié comme le président-directeur général dans la SA.	Le gérant de l'EURL a le statut social de travailleur indépendant. Sa rémunération est constituée par le bénéfice dégagé par l'EURL.

	Entreprise individuelle	EIRL	SASU	EURL
Dividendes	Les dividendes n'existent pas. Les prélèvements de l'exploitant sont de simples mouvements de trésorerie non imposables.	À l'IR : seul le bénéfice est imposé à l'IR au niveau de l'entre-preneur dans la catégorie BIC. À l'IS : les divi-dendes distribués sont imposés chez l'entrepre-neur à l'IR dans la catégorie RCM.	Les dividendes distribués sont imposés chez l'associé à l'IR dans la catégorie RCM.	Les dividendes distribués sont imposés chez l'associé à l'IR dans la catégorie RCM si l'EURL a opté pour l'IS. Pour l'EURL à l'IR, les divi-dendes ne sont pas imposables.
Séparation des patri-moines et rigueur dans la gestion	La confusion entre le patrimoine privé du chef d'entreprise et le patrimoine professionnel ne contri-bue pas à créer une séparation très nette entre la comptabilité privée et celle de l'entreprise.		La gestion de l'entreprise est plus rationnelle, car le patrimoine de la société est distinct de celui de l'associé.	
Transmission de l'entre-prise	L'entrepreneur doit céder l'intégra-lité de son entreprise.		L'associé peut organiser son désengagement progressif par des cessions successives de titres sociaux.	
Coût de la cession	Élevé, car calculé au taux de 3 % sur la valeur brute du fonds de commerce.		Plus faible, car calculé au taux de 3 % plafonné à 5 000 € sur la valeur des actions.	Plus faible, car calculé au taux de 3 % sur la valeur des parts sociales.
Formalités de la cession	La cession d'un fonds de commerce est soumise à des formalités contraignantes.		La cession des titres sociaux est soumise à une simple inscription en compte.	
Sauvegarde de l'entre-prise en cas de décès	En cas de décès, les héritiers deviennent propriétaires indivis de l'entreprise. L'indivision entraînera la vente de l'entreprise.		L'associé peut attribuer à chacun de ses héritiers le nombre exact des titres sociaux lui revenant sans remettre en cause la pérennité de l'entreprise.	

EIRL, Entreprise individuelle, EURL ou SASU?			
	Entreprise individuelle	**EIRL**	**SASU**	**EURL**
Financement	Le financement ne peut être assuré que par des apports personnels ou par des emprunts bancaires.		La transformation de la SASU en SAS permet de drainer des capitaux par une simple augmentation de capital. La SASU peut émettre des obligations.	La transformation de l'EURL en SARL permet d'avoir de nouveaux associés qui apportent des fonds. Émission d'obligations autorisée.
Statut du dirigeant	Entrepreneur individuel.		Président.	Gérant.
Capital	Le financement est assuré par les apports de l'exploitant (pas de minimum; pas de capital car ce n'est pas une société).		Le capital est fixé par l'associé. Pour constituer une EURL ou une SASU, il suffit d'1 euro, car aucun minimum n'est exigé.	
Fonctionnement	Très souple.	Un peu lourd à cause du patrimoine d'affectation.	Très lourd.	
Droits d'enregistrement	L'achat d'un fonds de commerce est soumis aux droits d'enregistrement.		L'apport d'un fonds de commerce est soumis aux droits d'enregistrement.	

Le statut d'EIRL élargit les possibilités offertes aux entrepreneurs en termes de forme d'exploitation. La distinction claire entre l'entreprise individuelle d'un côté et la forme sociétaire de l'autre s'atténue profondément. Il est utile de souligner les principaux ressorts sur lesquels se formait jusqu'à présent le choix de l'entrepreneur pour telle ou telle forme d'exploitation. On situera plus aisément les avantages et les inconvénients du statut de l'EIRL.

▽ Seul ou en association?

Longtemps dédiée exclusivement aux entrepreneurs souhaitant exploiter seuls une activité, l'entreprise individuelle a vu s'installer de nouveaux concurrents avec l'EURL, puis la SASU, ainsi que ses déclinaisons pour les professionnels libéraux. L'EIRL ne modifie alors en rien ce paysage, sinon qu'il s'insère désormais entre la forme classique de l'entreprise individuelle sans responsabilité limitée et les formes sociétaires dites unipersonnelles. Rappelons que l'EIRL peut toujours procéder à l'apport de son activité à une société et passe ainsi d'un mode d'exploitation individuel à un mode d'exploitation en société.

La protection du patrimoine personnel

Une autre motivation essentielle dans le choix de la forme d'exploitation est certainement le degré de la responsabilité exigée. Aussi, contrairement à l'EURL ou à la SAS, l'entreprise individuelle place l'entrepreneur dans une situation de responsabilité illimitée. L'EIRL vient amender cette situation au profit d'une protection accrue du patrimoine personnel de l'entrepreneur individuel.

Le statut social

Le coût de la protection sociale incite de nombreux entrepreneurs à comparer avec le statut de salarié en fonction d'un rapport coût/rendement des cotisations sociales. L'EIRL ne modifie que marginalement ce raisonnement. Néanmoins, il faut noter la convergence sur le plan social entre le statut de gérant auquel s'assimile l'EIRL et celui de salarié (comme pour l'associé de SASU).

Le régime fiscal

La fiscalité est un critère incontournable dans le choix de la forme d'exploitation. Pour choisir une imposition à l'IS, l'entrepreneur n'avait, avant le statut d'EIRL, d'autre choix que de créer une société. Cette possibilité est désormais ouverte à l'exploitant individuel qui choisit le statut d'EIRL.

La transmission

Le développement d'une affaire, les années qui passent et voilà l'entrepreneur face au dilemme de la transmission. Comment transmettre ? À qui ? Pour combien ? Si ces interrogations restent les mêmes quel que soit le cadre juridique dans lequel évolue l'entrepreneur, les modalités de la transmission diffèrent. La forme sociétaire s'avère la plus avantageuse, car elle offre davantage de flexibilité que l'exploitation individuelle. Mais tout est affaire de cas particulier. L'EIRL peut toujours se transformer en société, alors que l'inverse n'est pas envisageable.

Pour aller plus loin

Voici tous les contacts utiles :

> L'agence pour la création d'entreprises : *www.apce.fr*
> Site du gouvernement dédié à l'EIRL : *www.info-eirl.fr*
> Les centres de gestion agréés : *www.fcga.fr*
> Notaires de France : *www.notaires.fr*
> Ordre des experts-comptables : *www.experts-comptables.fr*
> Avocats de France : *www.cnb.avocat.fr*
> L'ADIE : *www.adie.org*
> Guichet Internet : *www.guichet-entreprises.fr*
> Chambres de métier et de l'artisanat : *www.artisanat.fr*
> Chambres de commerce et d'industrie : *www.cci.fr*
> Chambres d'agriculture : *www.chambres-agriculture.fr*
> Banque de France (droit au compte) : *www.banque-france.fr*
> Le régime social de l'EIRL : *www.le-rsi.fr*
> L'administration fiscale : *www.impots.gouv.fr*
> Le service impôt des entreprises : *www.impots.gouv.fr*, rubrique « professionnels »
> OSEO (ex-BDPME) : *www.oseo.fr*
> SIAGI : *www.siagi.com*

Lexique

Apport en nature : pour constituer une société, les futurs associés réalisent des apports. En contrepartie de l'apport, l'apporteur reçoit des droits sociaux et devient associé. L'apport entraîne le transfert de propriété du bien apporté à la société. L'apport à une EURL peut être en nature ou en numéraire. L'apport en nature consiste à apporter un fonds de commerce, des titres, etc. à une EURL. L'apport en numéraire consiste à apporter de l'argent à l'EURL.

Association de gestion et de comptabilité (AGC) : une AGC exerce les missions d'expertise comptable sous forme associative. L'AGC est inscrite à l'Ordre des experts-comptables. Elle peut donc établir le bilan et les déclarations fiscales et sociales de l'EIRL.

Association de gestion agréée (AGA) : voir « Centre de gestion agréé (CGA) ».

Auto-entrepreneur à responsabilité limitée (AERL) : ce terme désigne la situation de l'auto-entrepreneur qui procède également au dépôt d'une déclaration d'affectation. Pour profiter des conditions du régime de l'auto-entrepreneur, des seuils de chiffre d'affaires en fonction de l'activité sont à respecter.

Bénéfices agricoles (BA) : les bénéfices agricoles correspondent aux bénéfices réalisés par les exploitants agricoles. Il s'agit d'une catégorie du revenu imposé au titre de l'impôt sur le revenu. Voir aussi « BIC », « BNC ».

Bénéfices industriels et commerciaux (BIC) : les bénéfices industriels et commerciaux correspondent aux bénéfices réalisés par les personnes physiques qui exercent une profession commerciale, industrielle ou artisanale. Les BIC sont une composante du revenu global soumis à l'impôt sur le revenu. La location nue d'un immeuble est imposée en revenus fonciers. En revanche, la location meublée est une activité commerciale sur le plan fiscal imposée en BIC.

BIC non professionnel (BNC) : la location meublée est une activité commerciale sur le plan fiscal imposée en BIC. Toutefois, comme il s'agit d'une activité de gestion de patrimoine, le BIC est non professionnel, car ce n'est pas une véritable activité commerciale : le contribuable ne s'implique pas « de manière personnelle, continue et directe ». Un boulanger exerce une véritable activité commerciale imposée en BIC. Un loueur en meublé occasionnel exerce une activité de gestion de son patrimoine imposée en BIC non professionnel. Le boulanger peut imputer le déficit BIC sur son revenu global et réaliser ainsi une économie d'impôt sur le revenu (IR). Le déficit d'une location meublée n'est pas imputable sur le revenu global, mais tunnélisé : il est reportable sur les BIC de même nature des six années suivantes.

Bien indivis : un bien est indivis lorsqu'il appartient à plusieurs personnes, sans qu'il y ait de division matérielle de leurs parts. Le seul moyen de dissoudre une indivision est de vendre le bien d'un commun accord, puis de se répartir le montant de la vente. Suite au décès de leurs parents, deux enfants deviennent propriétaire indivis d'un immeuble si la succession n'est pas préparée. Si cet immeuble est composé de deux lots équivalents, les parents, de leur vivant, auraient pu attribuer un lot à chaque enfant. Chaque enfant aurait été propriétaire d'un lot et aurait pu en disposer librement.

Cédant : dans une opération de vente, ce terme désigne le vendeur.

Centre de gestion agréé (CGA) : une EIRL peut adhérer à un centre de gestion agréé (CGA) si elle exerce une activité industrielle, commerciale ou artisanale (BIC). L'adhésion à un centre de gestion agréé permet à l'administration fiscale de mieux connaître les revenus de l'EIRL. En contrepartie, elle bénéficie d'avantages essentiellement fiscaux. Si elle exerce une activité libérale (BNC), l'EIRL peut adhérer à une association de gestion agréée (AGA).

Cessionnaire : dans une opération de vente, ce terme désigne l'acheteur.

Cessation des paiements : il s'agit de la situation d'un professionnel (personne physique ou personne morale) dont l'actif disponible ne peut pas faire face au passif exigible. En d'autres termes, la cessation des paiements caractérise ce que l'on nomme communément « dépôt de bilan ».

Charges sociales : Les charges ou cotisations sociales sont des prélèvements assis sur les salaires ou les rémunérations des travailleurs indépendants (commerçant, profession libérale, etc.). Les cotisants bénéficient en contrepartie d'une couverture sociale : indemnisation en cas de chômage ou de maladie, pension pour la retraite, allocations familiales, etc.

Déclaration d'affectation : c'est l'acte par lequel naît le patrimoine d'affectation. Cette déclaration récapitule l'ensemble des éléments nécessaires (voire utiles) à l'activité professionnelle exercée dans le cadre du patrimoine affecté.

Déclaration d'insaisissabilité : c'est l'acte par lequel un entrepreneur individuel déclare insaisissable tout ou partie des biens immeubles, bâtis ou non, qui ne sont pas destinés à l'exploitation de son activité professionnelle. Cette déclaration nécessite le concours d'un notaire.

Démembrement de propriété : la pleine propriété d'un bien est formée de l'usufruit (le droit de jouir de la chose) et de la nue-propriété. Le démembrement de propriété peut provenir d'un acte volontaire (à l'occasion d'une donation) ou involontaire (suite au décès d'une personne dont tout ou partie du patrimoine est démembré entre ses héritiers et ayants droit). Le démembrement de propriété ne doit pas être confondu avec l'indivision. Voir aussi « biens indivis ».

Dividende : le dividende désigne la partie du résultat d'une société que les associés ont décidé de distribuer et partager entre eux. C'est en quelque sorte la rémunération du capital.

Donataire : dans un acte de donation, ce terme désigne la personne qui reçoit. Voir aussi « Donation ».

Donateur : dans un acte de donation, ce terme désigne la personne qui donne. Voir aussi « Donation ».

Donation : un immeuble peut-être transmis à titre onéreux (vente), à titre gratuit de son vivant (donation) ou à son décès (succession). La donation est un contrat par lequel le donateur (des parents, etc.), donne de son vivant, sans contrepartie et dans une intention libérale, un bien, en faveur du donataire (les enfants, etc.). La donation doit être faite par acte authentique (acte notarié) toutes les fois où il s'agit d'un immeuble. Une somme d'argent peut faire l'objet d'un « don manuel », dont l'acte doit être enregistré auprès du service enregistrement des impôts.

Droits d'enregistrement : les droits d'enregistrements sont des droits fixes ou proportionnels perçus par l'État lors de l'inscription d'un acte à la Conservation des hypothèques (pour la vente d'un immeuble, etc.) ou à la Recette des impôts (pour l'enregistrement des statuts). La formalité d'enregistrement est obligatoire pour certains actes (vente d'un immeuble, enregistrement de statuts, etc.), mais peut également être volontaire, afin de donner date certaine à un acte.

Entreprise agricole à responsabilité limitée (EARL) : il s'agit de la déclinaison de la SARL pour les exploitants agricoles.

Entrepreneur individuel à responsabilité limitée (EIRL) : l'EIRL est un entrepreneur individuel qui a procédé au dépôt d'une déclaration d'affectation en vue de créer un patrimoine affecté.

État descriptif de division : c'est le document par lequel sont distingués l'ensemble des lots formant un ensemble immobilier.

Entreprise unipersonnelle à responsabilité limitée (EURL) : c'est une SARL à associé unique.

Foyer fiscal : ce terme désigne la personne redevable de l'impôt sur le revenu. Il s'agit d'une personne seule (célibataire, divorcée ou séparée) ou d'un couple (marié ou pacsé). Certaines personnes sont rattachées de droit (enfants mineurs par exemple) ou sur option au foyer fiscal (enfants majeurs sous certaines conditions par exemple). L'impôt sur le revenu est calculé en additionnant l'ensemble des revenus des personnes formant le foyer fiscal.

Fraude fiscale : la fraude fiscale consiste à se soustraire, frauduleusement, au paiement de l'impôt (le contribuable ne déclare pas tous les loyers encaissés), alors que l'optimisation fiscale consiste à choisir la voie la moins imposée dans le respect de la loi (le contribuable arbitre entre la location nue et la location meublée).

Hypothèque : pour accorder un emprunt pour financer l'acquisition d'un immeuble, une banque peut demander comme garantie une hypothèque sur l'immeuble. La banque peut faire saisir l'immeuble hypothéqué si l'emprunteur ne paie plus les échéances de l'emprunt. L'immeuble est alors mis en vente pour rembourser la banque par préférence sur le prix de vente.

Indivision : voir « Bien indivis ».

Insaisissabilité (déclaration) : voir « Déclaration d'insaisissabilité ».

Liberté d'affectation comptable : dans une entreprise individuelle, le chef d'entreprise peut décider d'inscrire un immeuble à l'actif de son entreprise ou de le maintenir dans son patrimoine privé. Il a la liberté d'affecter l'immeuble à l'actif. Dans une EIRL (Entreprise Individuelle à responsabilité limitée), l'immeuble peut être affecté au patrimoine qui sert de garantie aux créanciers professionnels.

Liberté de gestion : il s'agit d'une notion relative à la faculté de l'entrepreneur individuel de gérer son affaire comme il l'entend. Ce terme désigne d'abord la confusion qui existe entre la gestion personnelle et professionnelle de l'exploitant individuel. Et indirectement, la liberté de gestion renvoie à la faculté dont dispose l'entrepreneur individuel dans la gestion de son entreprise personnelle et notamment la libre inscription des actifs dont il a la propriété au bilan de son entreprise. Cette liberté est encadrée s'agissant de l'EIRL.

Micro-entreprise : une micro-entreprise renvoie au régime d'imposition dont bénéficient certaines entreprises, qu'elles soient exploitées à titre individuel ou sous forme sociétaire, dès lors qu'elles ne dépassent pas certains seuils de chiffre d'affaires. On parle également de régime dit « micro ».

Nantissement : Le nantissement est une sûreté réelle. Le nantissement est un contrat par lequel un débiteur remet un bien incorporel (un fonds de commerce, des titres de société, etc.) à son créancier pour garantir sa dette. Le nantissement n'entraîne pas dépossession du bien nanti.

Pacte civil de solidarité (PACS) : c'est un contrat conclu entre deux personnes, quel que soit leur sexe, dont la vocation est d'organiser leur vie patrimoniale commune. Il faut distinguer selon que le PACS a été conclu avant ou après le 31 décembre 2006.

Patrimoine : ce terme désigne l'ensemble des droits et obligations appartenant a une personne et ayant une valeur pécuniaire. On parle d'universalité juridique. Dans ce sens, cette notion s'est fondée sur la conclusion que toute personne dispose d'un patrimoine, qu'une personne n'a qu'un patrimoine et que tout patrimoine est détenu par une personne. Le principe du patrimoine d'affectation apporté par le statut de l'EIRL contrarie cette approche.

Prélèvement forfaitaire libératoire (PFL) : il s'agit d'un prélèvement pour lequel le contribuable fait option en lieu et place d'une imposition selon le barème progressif de l'impôt sur le revenu.

Quotient familial : il s'agit d'un mécanisme destiné à considérer la situation d'un foyer fiscal pour le calcul de l'impôt sur le revenu. Le quotient familial dépend étroitement du nombre de parts formant le foyer fiscal.

Régime social des indépendants (RSI) : il s'agit du régime obligatoire de Sécurité sociale qui assure la couverture maladie et retraite des artisans et des commerçants.

Réserve : le bénéfice non distribué sous forme de dividendes par une société est mis en réserve.

Revenus de capitaux mobiliers (RCM) : les dividendes distribués à un contribuable par une société soumise à l'impôt sur les sociétés sont imposés dans la catégorie des « revenus de capitaux mobiliers (RCM) ». Ils bénéficient d'un abattement de 41 %. Les RCM sont ajoutés au revenu global du contribuable pour être soumis à l'impôt sur le revenu au barème progressif.

Société à responsabilité limitée (SARL) : une société de capitaux permet l'exercice d'une activité commerciale. Elle peut cependant exercer une activité civile comme la location nue d'un immeuble. La responsabilité des associés est limitée au montant de leurs apports. La société à responsabilité limitée (SARL) et la société par actions simplifiée (SAS) conviennent bien à de petits et moyens projets. La SAS est plus souple au niveau de la rédaction des statuts. Les associés n'ont pas le statut de commerçant.

Société civile immobilière (SCI) : une société civile permet d'exercer une activité exclusivement civile. À défaut, elle bascule à l'impôt sur les sociétés et peut être requalifiée de société de fait. La responsabilité des associés devient alors indéfinie et solidaire. Une société civile immobilière (SCI) gère un patrimoine immobilier (location nue, etc.). Une société civile de portefeuille gère « en bon père de famille » un portefeuille de valeurs mobilières. Une société civile de patrimoine (SCP) gère l'ensemble du patrimoine des associés.

Société d'exploitation libérale à responsabilité limitée (SELARL) : il s'agit de la forme de SARL dédiée aux professionnels libéraux.

Société d'exercice libéral unipersonnel (SELU) : il s'agit d'une SEL (société d'exercice libéral) à associé unique (à l'image d'une EURL par rapport à une SARL).

Société en nom collectif (SNC) : une SNC est une société de personnes qui permet l'exercice d'une activité commerciale. Elle peut cependant exercer une activité civile comme la location nue d'un immeuble. La responsabilité des associés est indéfinie et solidaire. Les associés ont le statut de commerçant.

Société par actions simplifiée (SAS) : voir « Société à responsabilité limitée (SARL) ».

Taux marginal d'imposition : le barème de l'impôt sur le revenu est progressif. Le taux d'imposition varie de 0 à 41 %. Si un contribuable est imposé dans la tranche de 20 %, son taux marginal est de 20 %. Les revenus complémentaires seront imposés à 20 % tant qu'il ne dépasse pas cette tranche. Pour un contribuable imposé au taux de 41 %, tous ses revenus complémentaires sont imposés au taux marginal de 40 %.

Taxe sur la valeur ajoutée (TVA) : la TVA est une taxe qui frappe les contribuables assujettis et redevables de la TVA. Ainsi, un commerçant est assujetti et redevable de la TVA : il la collecte sur ses ventes et peut la déduire sur ses achats en aval. Un médecin est assujetti à la TVA, mais n'est pas redevable : il ne facture pas de TVA à ses patients et ne récupère pas la TVA sur ses ventes. La location nue d'un local commercial est exonérée de TVA, mais peut être soumise sur option à la TVA.

Travailleurs non salariés (TNS) : voir « RSI ».

Unicité du patrimoine (principe) : voir « Patrimoine ».

Modèle d'accord d'affectation de bien indivis[1]

Je soussigné (nom et prénom, date et lieu de naissance, domicile), propriétaire indivis avec M./Mme (rayer la mention inutile) (nom et prénom de l'entrepreneur individuel à responsabilité limitée) du (des) bien (s) suivants (lister le(s) bien(s) indivis affecté(s)) :

–

–

–

déclare, conformément à l'article L. 526-11 du Code de commerce :

* donner mon accord à l'affectation par M./Mme (rayer la mention inutile) (nom et prénom de l'entrepreneur individuel à responsabilité limitée), entrepreneur individuel à responsabilité limitée exerçant sous la dénomination EIRL (à compléter), du/des bien(s) indivis susmentionné(s), à son activité professionnelle,

* avoir été informé(e) que les créanciers auxquels la déclaration d'affectation est opposable et dont les droits sont nés à l'occasion de l'exercice de l'activité professionnelle à laquelle un patrimoine comprenant le(s) bien(s) indivis susmentionné(s) est affecté ont pour seul gage général le patrimoine affecté ;

---

1 Issu de l'arrêté du 29 décembre 2010 relatif à l'entrepreneur individuel à responsabilité limitée publié au *Journal Officiel* du 31 décembre 2010.

• avoir été informé(e) qu'un même bien indivis ne peut entrer dans la composition que d'un seul patrimoine affecté.

Fait à

Le

Signature du coïndivisaire

Modèle d'accord du conjoint en cas d'affectation de biens communs[1]

Je soussigné (nom et prénom, date et lieu de naissance, domicile), conjoint de M./Mme (rayer la mention inutile) (nom et prénom de l'entrepreneur individuel à responsabilité limitée), relevant d'un régime matrimonial prévoyant une communauté de biens entre époux, déclare, conformément à l'article L. 526-11 du Code de commerce :

• donner mon accord à l'affectation par M./Mme (rayer la mention inutile) (nom et prénom de l'entrepreneur individuel à responsabilité limitée), entrepreneur individuel à responsabilité limitée exerçant sous la dénomination EIRL (à compléter), du/des bien(s) commun(s) suivant(s), à son activité professionnelle (lister le(s) bien(s) commun(s) affecté(s)) :

–

–

–

• avoir été informé(e) que les créanciers auxquels la déclaration d'affectation est opposable et dont les droits sont nés à l'occasion de l'exercice de l'activité professionnelle à laquelle un patrimoine comprenant le(s) bien(s) commun(s) susmentionné(s) est affecté ont pour seul gage général le patrimoine affecté ;

• avoir été informé(e) qu'un même bien commun ne peut entrer dans la composition que d'un seul patrimoine affecté.

Fait à

Le

Signature du conjoint

---

1 *Ibid.*

Modèle de déclaration d'affectation[1]

Modèle de déclaration d'affectation par un entrepreneur individuel à responsabilité limitée

I. RENSEIGNEMENTS GÉNÉRAUX

- Nom : ....
- Nom d'usage : ....
- Prénom : ....
- Né(e) le .... à ....
- Domicile : ....
- Objet de l'activité professionnelle de l'EIRL :

....

- Adresse où est exercée l'activité professionnelle de l'EIRL :

....

- Dénomination de l'EIRL : ....
- Date de clôture des comptes : ....
- N° SIREN, s'il a déjà été attribué ....
- Le cas échéant, registre de publicité légale où est déjà immatriculé le déposant (indiquer le lieu) :
☐ Registre du commerce et des sociétés (RCS) de

....

☐ Répertoire des métiers (RM) de ....
☐ Registre spécial des agents commerciaux (RSAC) de

....

- Situation matrimoniale
☐ Marié(e) ☐ Pacsé(e) ou en concubinage ☐ Autre
En cas de mariage, précisez le régime matrimonial :
☐ Création ☐ Passage d'entrepreneur individuel en EIRL

---

1 *Ibid.*

- Lieu de dépôt de la déclaration[1]
☐ RCS de ....
☐ RSAC de ....
☐ Registre spécial du tribunal de commerce ou du tribunal statuant en matière commerciale de ....
☐ Répertoire des métiers de ....
☐ Registre de l'agriculture de ....
☐ Opposabilité de la déclaration d'affectation aux créanciers dont les droits sont nés antérieurement au dépôt de la déclaration (à cocher uniquement si l'option pour l'opposabilité aux créanciers antérieurs est exercée):

....

---

1 Au registre de publicité légale (RCS, RM, registre spécial des agents commerciaux) auquel la personne est tenue de s'immatriculer pour son activité professionnelle. Lorsque la personne est immatriculée à deux registres de publicité légale pour l'activité de l'EIRL (RM et RCS), à l'un ou l'autre des ces deux registres de publicité légale, selon son choix.
En l'absence d'immatriculation à un registre de publicité légale (par exemple, activités libérales, auto-entrepreneurs dispensés d'immatriculation), au registre tenu par le greffe du tribunal statuant en matière commerciale du lieu de l'établissement principal de la personne.
Pour les exploitants agricoles, au registre de l'agriculture tenu par la chambre d'agriculture.

II. ETAT DESCRIPTIF DES BIENS, DROITS, OBLIGATIONS, SURETÉS AFFECTÉS À L'EXERCICE DE L'ACTIVITE PROFESSIONNELLE[1]

A. Éléments d'actif

Fiche Signalétique[2]	Description[3]	Valeur Déclarée	Sûretés[4] grevant le bien (le cas échéant)	Documents à annexer[5]
A1	....	....	....	....
A2	....	....	....	....
A3	....	....	....	....
....	....	....	....	....
Total	....	....	....	....

---

1 Il s'agit :
• des biens, droits, obligations et sûretés nécessaires à l'activité professionnelle de l'EIRL. Ces éléments doivent être obligatoirement affectés, à l'exception des terres utilisées dans une exploitation agricole pour lesquelles l'affectation reste possible, mais n'est pas obligatoire. Exemples :
– installations, biens d'équipements spécifiques ;
– droit de présentation de la clientèle (activité libérale, activité non commerciale) ;
– fonds de commerce (activité commerciale) ;
– parts de Société civile de moyens (SCM) ou de société civile professionnelle (SCP) ;
• des éléments que l'entrepreneur utilise dans le cadre de sa profession et qu'il décide d'affecter : il peut s'agir de biens à usage mixte (par exemple véhicules employés à titre professionnel et à titre personnel). Attention ! Ne peuvent pas figurer dans le patrimoine affecté les éléments qui ne sont ni nécessaires ni utilisés pour l'exercice de l'activité professionnelle.
2 Détail : voir fiche signalétique en pages 5-6
3 Description : la description doit être sommaire : il y a lieu de globaliser les biens de même nature ou relevant d'un même ensemble dont la valeur unitaire n'excède pas 500 euros. La description doit préciser la localisation si le bien concerné est un bien immobilier.

B. Éléments de passif

Fiche Signalétique[2]	Description[6]	Encours
B1	....	....
B2	....	....
B3	....	....
....	....	....
Total	....	....

Fait le ....

À ....

Signature de la personne

→ Description (et localisation si bien immobilier) : bien (meuble, immeuble, liquidités, …), droit (droit d'usage…), obligations (créance, avance et acompte versé sur commande…), sûreté bénéficiant à l'EIRL (caution, gage, nantissement, hypothèque… en faveur de l'EIRL)

→ Nature (Elément détenu en pleine-propriété, en nue-propriété ou en usufruit, bien indivis, bien commun…)

---

4 Préciser la nature des sûretés affectant le bien le cas échéant : gage, nantissement, hypothèque…et le montant de la créance garantie.

5 Préciser le ou lesquels :

– si le bien affecté est d'une valeur unitaire supérieure à 30 000 euros (sauf liquidités), le bien doit faire l'objet d'une évaluation et le rapport d'évaluation remis par l'expert-comptable, le commissaire aux comptes, l'association de gestion et de comptabilité ou le notaire (pour les biens immobiliers uniquement) doit être joint ;

– si le bien affecté est un bien commun ou indivis, l'accord du conjoint ou des coïndivisaires doit être joint.

6 Préciser s'il s'agit d'emprunts, de dettes de fournisseurs ou d'un passif de nature sociale ou fiscale.

➔Qualité (Elément neuf ou d'occasion,…).

....

➔Quantité : ....

➔Valeur déclarée :[1] ....

Détail de chaque emprunt
(né antérieurement au dépôt de la déclaration) :

➔ N°1 ....
- Identité du créancier ....
- Encours restant dû ....
- Terme prévu pour le remboursement ....

➔ N°2 ....
- Identité du créancier ....
- Encours restant dû ....
- Terme prévu pour le remboursement ....

Détail des autres dettes
(nées antérieurement au dépôt de la déclaration) :

- Dettes fournisseurs : ....
- Identité du créancier ....
- Montant dû ....
- Date d'échéance ....
- Dettes sociales : ....
- Identité du créancier ....
- Nature de la dette ....
- Montant total dû ....

---

1 Valeur vénale ou, en l'absence de marché, valeur d'utilité.
Pour les créances : indiquer le montant restant dû.
Pour les sûretés : indiquer le montant de l'engagement garanti.
2 À remplir uniquement si l'EIRL opte pour l'opposabilité de la déclaration d'affectation aux créanciers dont les droits sont nés antérieurement au dépôt de la déclaration d'affectation. Si l'EIRL exerce cette option, les créanciers antérieurs doivent recevoir une information individuelle par lettre recommandée avec accusé de réception, contenant certaines informations, parmi lesquelles une copie de la déclaration d'affectation (cf. articles R. 526-8 et D. 526-9 du code de commerce)

- Date d'échéance ....
- Dettes fiscales : ....
- Identité du créancier ....
- Nature de la dette ....
- Montant total dû ....
- Date d'échéance ....

Tarif des actes déposés au répertoire des métiers (RM)

Nature de l'acte	Redevances
Dépôt de la déclaration d'affectation	42 € (gratuit pour les créateurs lors de la demande d'immatriculation)
Modifications de la déclaration d'affectation	21 €
Dépôt des documents comptables annuels	6,50 €
Double immatriculation	8 €
Copie des documents comptables annuels	6 €
Extrait d'inscription de la déclaration	2,60 €

Relecteur technique : Alexandre Grevet

Conception et mise en page : ici & ailleurs

Dépôt légal : mars 2011
N° éditeur : 4261

Imprimé en Allemagne par BoD